드림중국어 중국 명인 명언 100 (독서편)

- (독서에 있어서 도움 되는 중국 명언)

梦想中国语 中国名人名言100（读书篇）

-对读书有帮助的中国名言

드림중국어 원어민 수업 체험 예약 (30분)

QR코드를 스캔해서 중국어 체험 수업 신청하세요.

(네이버 아이디로 들어감)

ZOOM 1:1 수업, 휴대폰/태블릿/컴퓨터로 수업 가능

드림중국어 중국 명인 명언 100 (독서편)

- (독서에 있어서 도움 되는 중국 명언)

梦想中国语 中国名人名言100（财富篇）

-对读书有帮助的中国名言

종이책 발행 2021년 1월 18일
전자책 발행 2021년 1월 18일

편저:	드림중국어
디자인:	曹帅
발행인:	류환
발행처:	드림중국어
주소:	인천 서구 청라루비로 93, 7층
이멜:	5676888@naver.com
등록번호:	654-93-00416
등록일자:	2016년 12월 25일

종이책 ISBN: 979-11-91285-13-0 (13720)
전자책 ISBN: 979-11-91285-14-7 (15720)

값: 29,800원

이 책은 저작권법에 따라 보호받는 저작물이므로 무단복제나 사용은 금지합니다. 이 책의 내용을 이용하거나 인용하려면 반드시 저작권자 드림중국어의 서면 동의를 받아야 합니다.잘못된 책은 교환해 드립니다.

목 록 (한국어)

一. 왜 책을 읽을까?...1

  1.독서는 가장 저렴하고 가장 좋은 공부 방법이다...3

  2.세상에서 가장 좋은 일은 독서이다..5

  3.독서는 인간의 피난처이다..7

  4.책 한 권이 타임슬립을 하게 해 준다..9

  5.쓸데없는 책을 읽고 꿈이 있는 사람이 되라!..11

  6.지식 시스템의 구축은 독서의 목적이다..13

  7.독서의 목적은 변화이다..15

  8.독서는 영혼을 흥미롭게 만든다...17

  9.책 사다리를 놓아 영혼의 깊이를 잰다..19

  10.독서는 인생을 풍요롭게 한다...21

  11.독서는 한평생의 일이다..23

  12.독서는 어둠을 밝힌다...25

  13.독서는 바닥을 깨게 도와준다...27

  14.서재는 너의 심방이다...29

  15.책은 인류 지혜의 결정체이다...31

  16.책은 인간의 역사를 보존한다...33

  17.책은 시간과 공간을 초월할 수 있다..35

  18.책은 작자의 에너지를 응집한다...37

19. 책은 인류의 유전자를 움직임을 돕는다. 39

20. 인생에서 가장 중요한 두 친구 41

21. 책은 친구 43

22. 책은 깊은 곳의 자신을 일깨울 수 있다 45

23. 책은 우리가 마음속의 청류를 찾도록 도와준다. 47

24. 독서는 더 많은 가능성을 발견하게 할 수 있다. 49

25. 책과 인터넷 정보의 차이 51

26. 인터넷 정보 접근의 단점 53

27. 스마트 시대에 인류는 갈수록 무식해지고 있다. 55

28. 책과 텔레비전의 차이 57

29. 책과 영화의 차이 59

30. 너의 재능으로는 야심을 이길 수 없을 때 61

31. 책은 부정적인 에너지를 가져가버릴 수 있다. 63

32. 학습능력은 감가상각하지 않는다. 65

33. 천재를 사귀는 가장 좋은 방법 67

34. 대학 졸업 후 격차가 커진 이유 69

35. 두 다리가 생기는 책 71

36. 부는 아는 지식의 범위에 정비례한다. 73

二. 무슨 책을 읽을까? 75

37. 책은 사람처럼 복잡하다. 77

38. 도서 시장의 이상한 일 79

39. 모든 비밀은 작품에 있다 81

40. 책을 읽는 것은 인연에 달려 있다 83

41. 독서에서 가장 중요한 것은 취미이다. 85

42. 독서에서 가장 중요한 것은 즐거움이다. 87

43. 독서는 금지 구역이 없다. 89

44. 사람이란 바로 그가 읽은 책이다. 91

45. 가장 훌륭한 것만 배우면 된다 93

46. 책 속의 30%는 쓸모 없는 것이다. 95

47. 무슨 책이든지 다 읽어야 한다. 97

48. 두뇌에서 정글을 만들어라 99

49. 뇌를 초월한 책을 읽어라. 103

50. 대가의 책을 읽어라 105

51. 명작을 어떻게 읽을까? 107

52. 세 가지 교육, 세 가지 책 109

53. 독서의 세 가지 경지 111

54. 독서의 두 단계. 113

55. 차원 축소 공격 115

56. 독서는 언제 하면 좋을까? 119

57. 언어는 무한한 가능성이 있다. 121

58. 전자책은 매우 겸허한 존재이다. 123

59. 새로운 시대에는 어떻게 공부해야 할까? 125

60. 나에게 가장 큰 영향을 미친 책? 127

61. 책을 고르는 비결 129

62. 창립자의 책을 꼭 읽어야 한다. 133

三. 책을 어떻게 읽을까? 135

63. 빠른 시간 내에 책 10 권을 결정한다. 137

64. 어떤 책을 읽든지 시작이 가장 중요하다. 139

65. 독서는 인내심이 필요하다. 141

66. 노른자와 흰자의 차이 143

67. 읽기의 네 가지 형식 145

68. 책을 읽기 전에 질문을 해라. 147

69. 문제를 내고 많은 책에서 답안을 찾아라 149

70. 질문을 하는 것은 중요한 독서 능력이다. 151

71. 고래 삼키기, 소 씹기 독서법 153

72. 화라경(华罗庚)의 눈을 감고 생각하는 독서방법 157

73. 다니엘의 "리스트" 독서 방법 159

74. 마르크스의 "번갈기" 독서 방법 161

75. 책을 읽기 전에 작가의 전략을 이해해라. 163

76. 책에서 마음을 울리는 점을 찾아라. 165

77. 읽기의 두 가지 방법: 소리 내어 읽기와 눈으로 읽기 167

78. 소리를 없애면 읽기 속도를 높일 수 있다. 169

79. 수출은 수입을 되밀어낸다. 171

80. 쓰는 게 중요하다. 173

81. 독서모임에 나가라. 175

82. 잠재 의식을 일하게 해라. 177

83. 뇌는 어떻게 정보를 저장한가? 179

84. 뇌의 집중이 필요하다 183

85. 뇌는 어떻게 기억하는가? 185

86. 5 가지 감각기관을 이용하여 독서해라. 187

87. 알파와 베타 읽기 191

88. 아이에게 베타타입 읽기를 가르치는 방법 195

89. RC 와 EC 의 이론 199

90. 인지세계에는 네 가지 차원이 있다. 201

91. 독서는 저자를 면접하는 것 같다. 203

92. 엄격한 아버지와 자애로운 어머니 207

93. 지식을 네 가지로 나눈다. 211

94. 네티즌의 평가는 중요한 참고이다. 215

95. 매우 힘들었다면 지식을 배웠다는 것을 의미한다. 217

96. 거북이 뇌, 호랑이 뇌, 그리고 아인슈타인 뇌 219

97. 뇌는 무엇을 좋아하는가? 223

98. 가르치는 것이 최고의 공부이다. 225

99. 생각과 성격도 중요하다. 227

100. 군자불기. 229

目 录

一． 为什么读书？..2

1. 读书是性价比最高的学习方法 4
2. 天下第一好事是读书 6
3. 阅读是人间避难所 8
4. 一本书带你穿越 10
5. 读无用之书，做有梦之人。..12
6. 阅读的目的是建立知识体系 14
7. 阅读的目的是改变 16
8. 读书让灵魂有趣 18
9. 放一把书梯，测量灵魂的深度 20
10. 读书丰富人生 22
11. 读书是一辈子的事 24
12. 读书照亮黑暗 26
13. 读书助你打破圈子 28
14. 书房是你的心房 30
15. 书籍是人类智慧的结晶 32
16. 书籍保存了人类历史 34
17. 书籍可以穿越时空 36
18. 书籍凝聚了作者的能量 38
19. 书籍帮人类启动基因 40

20. 人生中最重要的两个朋友 42

21. 书籍是朋友 44

22. 书籍能唤醒深处的自我 46

23. 书籍帮我们找到内心的清流 48

24. 读书让你发现更多可能 50

25. 书籍和互联网信息的不同 52

26. 互联网获得信息的缺点 54

27. 智能时代，人类越来越无知 56

28. 书籍和电视的区别 58

29. 书籍和电影的区别 60

30. 当你的才华撑不起野心 62

31. 书籍可以吸走负能量 64

32. 学习能力不会折旧 66

33. 和天才交往的最好的方法 68

34. 大学毕业后差距拉大的原因 70

35. 一本长了两条腿的书 72

36. 财富和知识广度成正比 74

二. 读什么书？ 76

37. 书和人一样复杂 78

38. 图书市场上的怪事 80

39. 所有的秘密在作品里 82

40. 读书看缘分 84

41. 读书最重要的是兴趣 86

42. 读书最重要的是快乐！ 88

43. 读书无禁区 90

44. 人就是他所读的书 92

45. 只学习最优秀的即可 94

46. 一本书里30%是无用的 96

47. 什么书都要读 98

48. 大脑中造一个丛林 101

49. 阅读超越你头脑的书 104

50. 读大师的书 106

51. 怎么读名著？ 108

52. 三种教育，三种书籍 110

53. 读书的三重境界 112

54. 读书的两个层次 114

55. 降维攻击 117

56. 何时适合读书？ 120

57. 语言有无限可能 122

58. 电子书是极其谦虚的存在 124

59. 新时代如何学习？ 126

60. 对我影响最大的一本书？ 128

61. 选书的秘诀 130

62. 一定要读创始人的书 134

三. 怎么读书？ 136

63. 最快的时间决定10本书 138
64. 不管读什么书，开始最重要 140
65. 读书需要耐心 142
66. 蛋黄和蛋清的不同 144
67. 阅读的四种形式 146
68. 读书前问问题 148
69. 提出问题，去很多书里找答案 150
70. 问问题是一种重要的读书能力 152
71. 鲸吞牛嚼读书法 155
72. 华罗庚的"闭目思考"读书法 158
73. 丹尼尔的"列表"读书法 160
74. 马克思的"轮流"读书法 162
75. 开始读书前，理解作者的战略 164
76. 寻找一本书的触动点 166
77. 阅读的两种方法：声读和视读 168
78. 消声能提高阅读速度 170
79. 输出倒逼输入 172
80. 写出来很重要！！ 174
81. 参加读书会 176

82. 让潜意识工作 178

83. 大脑如何存储信息？ 181

84. 大脑需要集中 184

85. 大脑如何记忆？ 186

86. 运用五大感官读书 189

87. α型和β型阅读 193

88. 如何教孩子β型阅读 197

89. RC与EC的理论 200

90. 认知世界有四个层次 202

91. 读书像面试作者 205

92. 严父思维和慈母思维 209

93. 知识分为四类 213

94. 网友的评价是重要的参考 216

95. 很累证明你学到了知识 218

96. 乌龟脑，老虎脑，和爱因斯坦脑 221

97. 大脑喜欢什么？ 224

98. 教是最好的学习 226

99. 思想和性格也很重要 228

100. 君子不器 230

 梦想中国语　名人名言

一. 왜 책을 읽을까?

 梦想中国语 名人名言

一。为什么读书？

Yī. Wèishéme dúshū?

梦想中国语 名人名言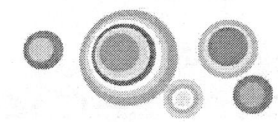

1. 독서는 가장 저렴하고 가장 좋은 공부 방법이다.

　　독서는 이 세상에서 가장 실속이 있는 일이다. 몇 만원 만으로 작가가 평생 동안 발전시켜 온 사상을 공유할 수 있다.

——Zhuómó xiānshēng

　　대단한 인물의 교훈을 얻고 싶으면, 자신의 발걸음대로 공부하고 싶으면, 또한 리스크를 최대한 낮추고 싶으면, 방법은 단 하나, 독서밖에 없다.

——Zhāi téngxiào

　　지식을 공부하는 것은 세계에서 가장 중요하면서도 가장 저렴한 인생 약진 방식이다.

——Lǐshànglóng

　　과거에는 물질적인 것이 주된 재원이었지만 현재 주요 재원은 지식이다. 전쟁을 하게 된다면 유전을 빼앗을 수 있지만 지식은 빼앗을 수 없다.

——Fán dēng

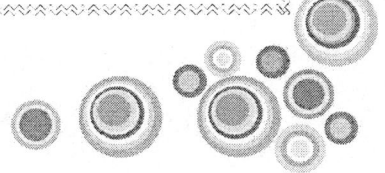

梦想中国语 名人名言

1. 读书是性价比最高的学习方法

读书是这个世界上最赚便宜的事情了，花几十元钱就能跟作者一辈子的思想做个交流。——琢磨先生

Dúshū shì zhège shìjiè shàng zuì zhuàn piányí de shìqíngle, huā jǐ shí yuán qián jiù néng gēn zuòzhě yíbèizi de sīxiǎng zuò gè jiāoliú.——Zhuómó xiānshēng

既能接受杰出人物的教诲，又能按自己的节奏学习，同时风险又低的方法，就只有读书了。——斋藤孝

Jì néng jiēshòu jiéchū rénwù de jiàohuì, yòu néng àn zìjǐ de jiézòu xuéxí, tóngshí fēngxiǎn yòu dī de fāngfǎ, jiù zhǐyǒu dúshūle.——Zhāi téngxiào

学习知识是世界上最重要也是最廉价的跃迁方式。——李尚龙

Xuéxí zhīshì shì shìjiè shàng zuì zhòngyào yěshì zuì liánjià de yuèqiān fāngshì.——Lǐshànglóng

过去主要的财富来源是物质，现在的主要财富来源是知识。发动战争有可能抢下油田，却无法霸占知识。——樊登

Guòqù zhǔyào de cáifù láiyuán shì wùzhí, xiànzài de zhǔyào cáifù láiyuán shì zhīshì. Fādòng zhànzhēng yǒu kěnéng qiāng xià yóutián, què wúfǎ bàzhàn zhīshì.——Fán dēng

梦想中国语　名人名言

2. 세상에서 가장 좋은 일은 독서이다

　　오직 서적만이 넓은 공간과 오래된 시간을 줄 수 있고, 귀한 생명이 이미 흩어진 신호를 전달할 수 있다. 또한 수많은 지혜와 아름다움, 그리고 그 반대의 멍청함과 추함과 함께 보여 줄 수 있다.

——Yúqiūyǔ

　　세상에서 제일 좋은 일은 역시 독서이다.

——Zhāngyuánjì

　　무식한 사람이 한가할 때 얼마나 비참한가.

——(Yì)yà lǐ ào sī tú

　　인생은 아름다운 일에 시간을 낭비해야 한다.

——대만 흑송 사이다 광고사

2. 天下第一好事是读书

只有书籍，能把辽阔的空间和漫长的时间浇灌给你，能把一切高贵生命早已飘散的信号传递给你，能把无数的智慧和美好对比着愚昧和丑陋一起呈现给你。

——余秋雨

Zhǐyǒu shūjí, néng bǎ liáokuò de kōngjiān hé màncháng de shíjiān jiāoguàn gěi nǐ, néng bǎ yíqiè gāoguì shēngmìng zǎoyǐ piāosàn de xìnhào chuándì gěi nǐ, néng bǎ wú shǔ de zhìhuì hé měihǎo duìbǐzhe yúmèi hé chǒulòu yìqǐ chéngxiàn gěi nǐ. ——Yúqiūyǔ

天下第一好事，还是读书。——张元济

Tiānxià dì yī hǎoshì, háishì dúshū. ——Zhāngyuánjì

一个无知的人，在空闲时是多么悲惨啊。——（意）亚里奥斯图

Yígè wúzhī de rén, zài kòngxián shí shì duōme bēicǎn a. ——(Yì)yà lǐ ào sī tú

生命就应该浪费在美好的事物上。——台湾黑松汽水广告词

Shēngmìng jiù yīnggāi làngfèi zài měihǎo de shìwù shàng. ——Táiwān hēi sōng qìshuǐ guǎnggào cí

梦想中国语　名人名言

3. 독서는 인간의 피난처이다.

독서 습관을 기르는 것은 바로 자기에게 피난처를 지어주는 것이다.

삶의 모든 괴로움과 불행에서 벗어나게 할 수 있는 피난처란 말이다.

——William Somerset Maugham

책에서 너와 같은 경험이 있는 사람들을, 그 막다른 길 끝에 기록된 생각을 읽게 될 것이다. 이들은 새로운 문을 밀어내 주고 고통을 짊어지고 계속 걸을 수 있도록 힘을 실어 줄 것이다.

——Báiyánsōng

우리 인류를 멸망시키는 것은 무지가 아니라 오만이다.

——Liúcíxīn 《sān tǐ》

3. 阅读是人间避难所

> 培养阅读的习惯就是为你自己构建一座避难所，让你得以逃离人世间几乎所有痛苦与不幸。——William Somerset Maugham
>
> Péiyǎng yuèdú de xíguàn jiùshì wèi nǐ zìjǐ gòujiàn yìzuò bìnàn suǒ, ràng nǐ déyǐ táolí rén shìjiān jīhū suǒyǒu tòngkǔ yǔ búxìng. ——William Somerset Maugham

> 在书中，你会读到跟你有着同样经历的人，在那个死路尽头记录下来的所思所想，帮你推开一扇新的门，让你有力量背负着痛苦继续行走。
>
> ——白岩松
>
> Zài shū zhōng, nǐ huì dú dào gēn nǐ yǒuzhe tóngyàng jīnglì de rén, zài nàge sǐlù jìntóu jìlù xiàlái de suǒ sī suǒ xiǎng, bāng nǐ tuī kāi yí shàn xīn de mén, ràng nǐ yǒu lìliàng bèifùzhe tòngkǔ jìxù xíngzǒu.
>
> ——Báiyánsōng

> 毁灭我们的不是无知，而是傲慢。——刘慈欣《三体》
>
> Huǐmiè wǒmen de búshì wúzhī, ér shì àomàn. ——Liúcíxīn 《sān tǐ》

 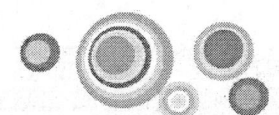

4. 책은 너를 데리고 타임슬립을 하게 해 준다.

책을 들고 다니는 데 가장 중요한 장점은 어떤 시끄러운 환경에서도 책만 열면 다른 세계로 타임슬립 할 수 있다는 것이다. 조용하고 단연하며 세속에서 빠져 나가 평화로운 세상으로 간다.

——Zhuómó xiānshēng

책을 많이 읽으면 나이가 들어도 우아하고 영혼이 깨끗하게 될 것이다.

——Cài lán

독서를 좋아한다는 것은 삶의 적막감을 즐기는 시간으로 바꾸는 것과 같다.

——Montesquieu

4. 一本书带你穿越

带本书出门最重要的好处是，不管身处何种喧哗闹市，打开书就穿越到另一个世界，安静淡然，与世无争。

——琢磨先生

Dài běn shū chūmén zuì zhòngyào de hǎochù shì, bùguǎn shēn chǔ hé zhǒng xuānhuá nàoshì, dǎkāi shū jiù chuānyuè dào lìng yígè shìjiè, ānjìng dànrán, yǔ shì wú zhēng.

——Zhuómó xiānshēng

多读书，老得优雅，老得干净。

——蔡澜

Duō dúshū, lǎo de yōuyǎ, lǎo de gānjìng.

——Cài lán

喜欢读书，就等于把生活寂寞的辰光换成巨大享受的时刻。

——孟德斯鸠

Xǐhuān dúshū, jiù děngyú bǎ shēnghuó jìmò de chénguāng huàn chéng jùdà xiǎngshòu de shíkè.

——Montesquieu

5. 쓸데없는 책을 읽고 꿈이 있는 사람이 되라!

쓸데없는 책을 읽고 꿈이 있는 사람이 되어라!

——Zhōuguópíng

생명은 쓸 만한 외적인 것만 보면 안 되고 쓸데없는 것도 많이 받아들이는 것을 배워야 한다. 쓸데없어 보이는 것이 큰 쓸모가 있을 마련이다..

——Báiyánsōng

가장 대단한 법술은 숨겨서 쓰지 않는 것이다. 쓸데없는 것이 흔히 가장 강하고 가장 원시적이며, 가장 풍부한 생명력을 가지고 있다.

——Liángwéndào

쓸데없는 책을 읽고 쓸데없는 일을 하고 쓸데없는 시간을 보내는 것은 모두 이미 알고 있는 것 외에 자신을 초월할 수 있는 기회를 주기 위한 것이다. 인생에 있어서 많은 대단한 변화들은 바로 이런 때로부터 오는 것이다.

——Liángwéndào

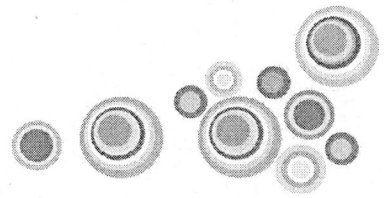

梦想中国语　名人名言

5. 读无用之书，做有梦之人。

读无用的书，做有梦的人。——周国平

Dú wúyòng de shū, zuò yǒu mèng de rén. ——Zhōuguópíng

生命不能只看到外在有用的东西，也要学会汲取很多无用的东西。无用为大用。——白岩松

Shēngmìng bùnéng zhǐ kàn dào wài zài yǒuyòng de dōngxi, yě yào xuéhuì jíqǔ hěnduō wúyòng de dōngxi. Wúyòng wéi dà yòng. ——Báiyánsōng

最伟大的法术就是藏而不用，没有用的东西，才往往具有最强大、最原始、最丰沛的生命力。——梁文道

Zuì wěidà de fǎshù jiùshì cáng ér búyòng, méiyǒu yòng de dōngxī, cái wǎngwǎng jùyǒu zuì qiáng dà, zuì yuánshǐ, zuì fēngpèi de shēngmìnglì. ——Liángwéndào

读一些无用的书，做一些无用的事，花一些无用的时间，都是为了在一切已知之外，保留一个超越自己的机会。人生中一些很了不起的变化，就是来自这种时刻。——梁文道

Dú yìxiē wúyòng de shū, zuò yìxiē wúyòng de shì, huā yìxiē wúyòng de shíjiān, dōu shì wèile zài yíqiè yǐ zhīzhī wài, bǎoliú yígè chāoyuè zìjǐ de jīhuì. Rénshēng zhōng yìxiē hěn liǎobùqǐ de biànhuà, jiùshì láizì zhè zhǒng shíkè. ——Liángwéndào

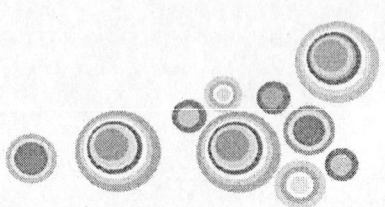

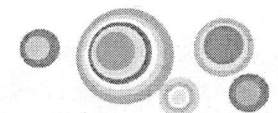

6. 지식 시스템의 구축은 독서의 목적이다.

독서의 가장 중요한 역할은 우리가 완벽한 지식 시스템을 구축하도록 돕는 것이다. 가지고 있는 지식 시스템에 따라 사람이 달라진다.

——Jìng xiǎo xián

독서의 목적은 무엇인가? 생각을 이해하기 위해서이다. 다른 사람의 생각일 수도 있고, 자신의 과거의 생각일 수도 있다.

——DanielT. Willingham

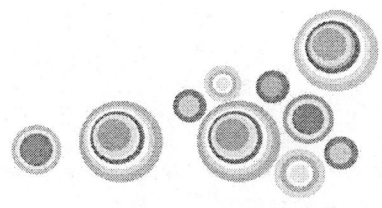

6. 阅读的目的是建立知识体系

　　阅读最重要的作用，就是帮助我们建立完善的知识体系。你有什么样的知识体系，就有可能成为什么样的人。

——镜晓娴

　　Yuèdú zuì zhòngyào de zuòyòng, jiùshì bāngzhù wǒmen jiànlì wánshàn de zhīshì tǐxì. Nǐ yǒu shénme yàng de zhīshì tǐxì, jiù yǒu kěnéng chéngwéi shénme yàng de rén.

——Jìng xiǎo xián

　　阅读的目的是什么？主要是为了理解思想：要么是别人的思想，要么是自己过去的思想。

——丹尼尔·T.威林厄姆

　　Yuèdú de mùdì shì shénme? Zhǔyào shi wèile lǐjiě sīxiǎng: Yàome shì biérén de sīxiǎng, yàome shì zìjǐ guòqù de sīxiǎng.

——Daniel T. Willingham

梦想中国语　名人名言

7. 독서의 목적은 변화이다.

　　우리는 단순히 책을 읽기 위해서 독서하는 것이 아니라 변화를 추구하고 싶어서 독서를 하는 것이다. 책을 읽는 순간부터 당신의 지식 시스템, 인지 수준, 생활 방식 등이 모두 독서로 인해 달라진다.

——Jìng xiǎo xián

　　독서 능력을 키우는 것은 인생의 최종 목표가 아니다.

　　독서를 하면 우리를 하여금 꿈을 발견하게 되고 그것을 행동에 옮겨 결국 꿈을 이뤄지게 한다.

　　그것이야말로 인생의 진정한 목표이다.

——Yasuhiro Watanabe

　　공부의 본질은 어떤 지식을 기억을 하는 것이 아니라 당신의 사고를 일으키는 것이다.

——Michael J. Sandel

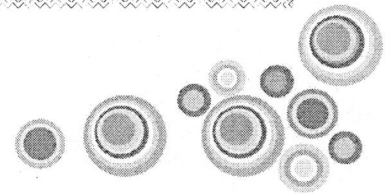

7. 阅读的目的是改变

阅读的目的，从来都不是阅读，而是改变。从你开始阅读的那一刻，你的知识体系、认知水平、生活方式等，都会被阅读改变。

——镜晓娴

Yuèdú de mùdì, cónglái dōu búshì yuèdú, ér shì gǎibiàn. Cóng nǐ kāishǐ yuèdú dì nà yíkè, nǐ de zhīshì tǐxì, rèn zhī shuǐpíng, shēnghuó fāngshì děng, dūhuì bèi yuèdú gǎibiàn.

——Jìng xiǎo xián

掌握阅读的能力，并不是人生的最终目标。

阅读让我们发现梦想，然后投入行动，最终得以实现。

这才是人生真正的目标。

——渡边康弘

Zhǎngwò yuèdú de nénglì, bìng búshì rénshēng de zuìzhōng mùbiāo.

Yuèdú ràng wǒmen fāxiàn mèngxiǎng, ránhòu tóurù xíngdòng, zuìzhōng déyǐ shíxiàn.

Zhè cái shì rénshēng zhēnzhèng de mùbiāo.

——Yasuhiro Watanabe

学习的本质，不在于记住哪些知识，而在于它触发了你的思考。

——Michael J. Sandel

Xuéxí de běnzhí, bú zàiyú jì zhù nǎxiē zhīshì, ér zàiyú tā chùfāle nǐ de sīkǎo.

——Michael J. Sandel

梦想中国语 名人名言

8. 독서는 영혼을 흥미롭게 만든다.

책은 영혼이 있고 그 영혼이 바로 종이에 있다. ——Kenichi Sakamoto

책이 없는 방은 영혼이 없는 육체와 같다. ——(Gǔ luómǎ) Cicero

멋있는 겉모습은 천편일률적이지만 재미있는 영혼은 딱 하나다.

——Yìmíng

당신이란 꽃은 활짝 피게 되면 시원한 바람은 스스로 불어올 것이다.

——Sān máo

사흘 동안만 책을 읽지 않으면 언어가 무미건조해지고 사람이 가증스러워 보인다.

——Huángshāngǔ (sòng)

8. 读书让灵魂有趣

书有灵魂，就在纸上。——坂本健一

Shū yǒu línghún, jiù zài zhǐ shàng. ——Kenichi Sakamoto

一个没有书籍的房间就像没有了灵魂的肉体。——（古罗马）西塞罗

Yígè méiyǒu shūjí de fángjiān jiù xiàng méiyǒule línghún de ròutǐ. ——(Gǔ luómǎ) Cicero

好看的皮囊千篇一律，有趣的灵魂万里挑一。——佚名

Hǎokàn de pínáng qiānpiānyílǜ, yǒuqù de línghún wànlǐ tiāo yī. ——Yìmíng

你若盛开，清风自来。——三毛

Nǐ ruò shèngkāi, qīngfēng zì lái. ——Sān máo

三日不读书，便觉语言无味，面目可憎。——黄山谷（宋）

Sān rì bù dúshū, biàn jué yǔyán wúwèi, miànmù kězēng. ——Huángshāngǔ (sòng)

9. 책 사다리를 놓아 영혼의 깊이를 잰다.

책으로 가득 채운 방에 책 사다리가 있으면 좋겠다. 읽고 싶은 책을 가지기 위해 더 높은 책장까지 올라갈 수 있게 해 준다.

방에 책이 가득 쌓이면 영혼이 생긴다는 말이 있다. 그게 사실이면 우리는 영혼의 깊이를 재기 위해 책 사다리를 놓아둘 필요가 있다.

——Liángwéndào

좋은 책을 읽는 것은 과거 훌륭한 인물과 대화하는 것과 같다.

——Descartes

독서도 하지 않는 인생은 인생이라고 할 수 없다.

——Takashi Saitô

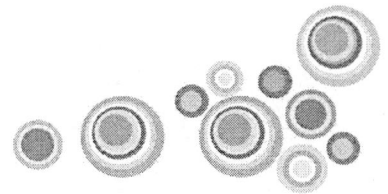

9. 放一把书梯，测量灵魂的深度

在一个摆满书的房间里，最好还要有一把书梯，能够让你爬到更高的书架上拿到自己想看的书。

如果一个房间放满了书就有了灵魂的话，我们实在也需要一把书梯摆在那里，以测量灵魂的深度。

——梁文道

Zài yígè bǎi mǎn shū de fángjiān lǐ, zuì hǎo huán yào yǒuyì bǎ shū tī, nénggòu ràng nǐ pá dào gèng gāo de shūjià shàng ná dào zìjǐ xiǎng kàn de shū.

Rúguǒ yígè fángjiān fàng mǎnle shū jiù yǒule línghún dehuà, wǒmen shízài yě xūyào yì bǎ shū tī bǎi zài nàlǐ, yǐ cèliáng línghún de shēndù.

——Liángwéndào

阅读好书，就像跟过去最优秀的人物对话一样。

——笛卡尔

Yuèdú hǎo shū, jiù xiàng gēn guòqù zuì yōuxiù de rénwù duìhuà yíyàng.

——Descartes

不读书的人生不叫人生。

——斋藤孝

Bù dúshū de rénshēng bù jiào rénshēng.

——Takashi Saitô

10. 독서는 인생을 풍요롭게 한다.

책 한 권이 한 번의 인생이다. 책 세 권을 읽는 것은 세 번의 인생을 즐기는 것이다.

——Wǒ shì jiǎng shū rén

책을 읽는 가장 큰 이유는 평범함에서 벗어나는 것이다. 하루가 빠르면 하루만큼 인생의 멋을 더하고, 하루가 늦으면 더 평범한 고민을 하게 된다.

——Yúqiūyǔ

책이 없는 삶은 건반이 없는 피아노와 같다.

——Wǒ shì jiǎng shū rén

책은 지식을 주고 지혜를 주며 즐거움을 주고 희망을 줄 수 있다.

——Jìxiànlín

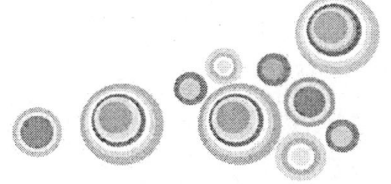

 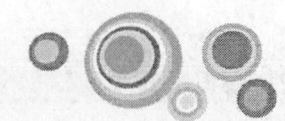

10. 读书丰富人生

一本书就是一次人生。读三本书等于享受了三次人生。

——我是讲书人

Yì běn shū jiùshì yícì rénshēng. Dú sān běn shū děngyú xiǎngshòule sāncì rénshēng.

——Wǒ shì jiǎng shū rén

阅读的最大理由是想摆脱平庸，早一天就多一份人生的精彩，迟一天就多一天平庸的困扰。

——余秋雨

Yuèdú de zuìdà lǐyóu shì xiǎng bǎituō píngyōng, zǎo yìtiān jiù duō yí fèn rénshēng de jīngcǎi, chí yìtiān jiù duō yìtiān píngyōng de kùnrǎo.

——Yúqiūyǔ

没有书的人生，就像没有键盘的钢琴。

——我是讲书人

Méiyǒu shū de rénshēng, jiù xiàng méiyǒu jiànpán de gāngqín.

——Wǒ shì jiǎng shū rén

书能给人以知识，给人以智慧，给人以快乐，给人以希望。

——季羡林

Shū néng jǐ rén yǐ zhīshì, jǐ rén yǐ zhìhuì, jǐ rén yǐ kuàilè, jǐ rén yǐ xīwàng.——Jìxiànlín

梦想中国语 名人名言

11. 독서는 한평생의 일이다.

오늘날 지식의 업데이트가 과거보다 더욱 빠르고 대학에서 특별히 좋은 전공을 공부했다고 해서 한평생 공부를 하지 않을 수 있는 사람은 없다. 지식도 끊임없이 도태되고 업데이트 되고 있다. "Keep learning"은 필연적인 추세이고 독서는 한 평생의 일이 되었다.

——Fán dēng

사람은 반드시 공부해야 한다. 공부하는 것은 다행스러운 일이며 한평생의 일이다. 공부는 호흡과 같이 한평생의 일이며 이는 생명의 존재를 의미하고 있다.

——Fán yǔ

독서는 삶의 하루 세 끼처럼 진수성찬, 죽과 반찬이 모두 필요하다. 독서는 외로움과 심심함을 달래는 방법이고 자신을 더 좋게 만드는 추진력이다.

——Báiyánsōng

梦想中国语 名人名言

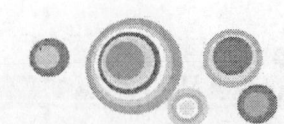

11. 读书是一辈子的事

> 如今，知识的更迭比过去快太多，没有人会因为自己在大学里学了一个特别好的专业，就能一辈子不学习。知识也在不断地被淘汰、更新。"Keep learning"是一个必然的趋势。读书是一辈子的事。
>
> ——樊登
>
> Rújīn, zhīshì de gēngdié bǐ guòqù kuài tài duō, méiyǒu rén huì yīnwèi zìjǐ zài dàxué lǐ xuéle yígè tèbié hǎo de zhuānyè, jiù néng yíbèizi bù xuéxí. Zhīshì yě zài búduàn de bèi táotài, gēngxīn."Keep learning" shì yígè bìrán de qūshì. Dúshū shì yíbèizi de shì.
>
> ——Fán dēng

> 人必须学习，学习是一件值得庆幸的事，也是终身的活动。学习如同呼吸一样，是一种终身的活动，它意味着生命的存在。
>
> ——凡禹
>
> Rén bìxū xuéxí, xuéxí shì yí jiàn zhídé qìngxìng de shì, yěshì zhōngshēn de huódòng. Xuéxí rútóng hūxī yíyàng, shì yì zhǒng zhōngshēn de huódòng, tā yìwèizhe shēngmìng de cúnzài.——Fán yǔ

> 读书就是生命中的一日三餐，大鱼大肉清粥小菜都需要。读书是打发孤独与无聊时光的利器，是让自己变得更好的推动力。
>
> ——白岩松
>
> Dúshū jiùshì shēngmìng zhòng de yí rì sān cān, dà yú dàròu qīng zhōu xiǎocài dōu xūyào. Dúshū shì dǎfā gūdú yǔ wúliáo shíguāng de lìqì, shì ràng zìjǐ biàn de gèng hǎo de tuīdòng lì.
>
> ——Báiyánsōng

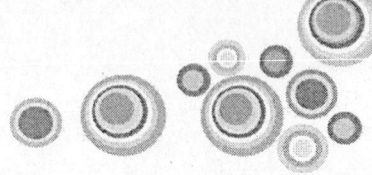

梦想中国语　名人名言

12. 독서는 어둠을 밝힌다

독서에 있어야만 생각이 어둠을 지배할 수 있다.

——Wúxiǎobō

인간의 모든 고통은 본질적으로 자신의 무능에 대한 분노이다.

——Wángxiǎobō

내용이 없는 뇌는 악마의 작업실이다.

——Cài lán

독서는 당신이 아무것도 없을 때 마음속에 등을 켜 놓게 도와 준다. 이 등불은 어디서든 집으로 돌아가는 길을 비출 수 있다.

——Lǐshànglóng

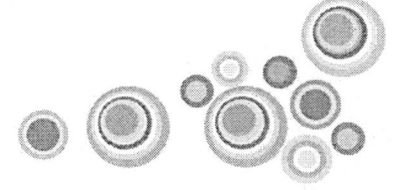

12. 读书照亮黑暗

只有在阅读中，思想才能统治黑暗。——吴晓波

Zhǐyǒu zài yuèdú zhōng, sīxiǎng cáinéng tǒngzhì hēi'àn.——Wúxiǎobō

人的一切痛苦，本质上都是对自己无能的愤怒。——王小波

Rén de yíqiè tòngkǔ, běnzhí shàng dū shì duì zìjǐ wúnéng de fènnù.——Wángxiǎobō

一个空闲的脑，是魔鬼的工作室。——蔡澜

Yígè kòngxián de nǎo, shì móguǐ de gōngzuò shì.——Cài lán

阅读让你在一无所有时，心里还点着一盏灯。而这一盏灯，无论在哪里，都能照亮你回家的路。

——李尚龙

Yuèdú ràng nǐ zài yīwúsuǒyǒu shí, xīnlǐ hái diǎnzhe yì zhǎn dēng. Ér zhè yì zhǎn dēng, wúlùn zài nǎlǐ, dōu néng zhào liàng nǐ huí jiā de lù.——Lǐshànglóng

13. 독서는 바닥을 깨게 도와준다

공부는 자신의 바닥을 가장 쉽게 깨뜨리는 방법이고 항상 하나의 기능으로 기존의 바닥을 뚫어 더 높은 곳으로 갈 수 있게 할 것이다.

——Lǐshànglóng

20대의 가장 위대한 투자는 각 분야에 자신을 두고 미친듯이 읽고 악착같이 성장하는 것이다. 이 생각들을 몸 속에 영원히 남기고 그 글자들을 유전자에 새기도록 해라.

이 세상의 법칙은 다음과 같다. 인간의 주의력은 매우 제한적이다. 만약 책을 읽는 데 시간을 쏟지 않는다면 연예 뉴스, 스캔들 등에 시간을 쏟게 될 것이다. 이러한 것들은 사람들의 성장을 방해할 것이다. 지식을 쌓아야 할 나이에 많은 사람의 인지 수준이 낙후되었다.

——Lǐshànglóng

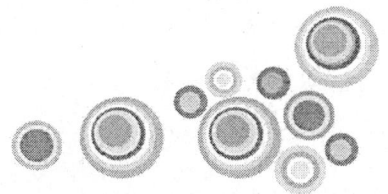

13. 读书助你打破圈子

学习是最容易打破自己圈子的方式，总有一项技能，会让你突破现有的圈子，到更高的地方去。

——李尚龙

Xuéxí shì zuì róngyì dǎpò zìjǐ quānzi de fāngshì, zǒng yǒu yí xiàng jìnéng, huì ràng nǐ túpò xiàn yǒu de quānzi, dào gèng gāo dì dìfāng qù.——Lǐshànglóng

二十多岁最伟大的投资，就是把自己放在各个领域里，疯狂地阅读，拼命地成长。让这些思想长在你的身体中，让这些文字刻在你的基因里。

这个世界的规律是这样的：人的注意力很有限，如果不把时间花在读书上，就势必会把时间花在娱乐新闻、八卦绯闻上，这些东西会阻碍人的成长，在最应该迭代知识的年纪里，许多人的认知水平却留了级。

——李尚龙

Èrshí duō suì zuì wěidà de tóuzī, jiùshì bǎ zìjǐ fàng zài gège lǐngyù lǐ, fēngkuáng de yuèdú, pīnmìng de chéngzhǎng. Ràng zhèxiē sīxiǎng zhǎng zài nǐ de shēntǐ zhōng, ràng zhèxiē wénzì kè zài nǐ de jīyīn lǐ.

Zhège shìjiè de guīlǜ shì zhèyàng de: Rén de zhùyì lì hěn yǒuxiàn, rúguǒ bù bǎ shíjiān huā zài dúshū shàng, jiù shìbì huì bǎ shíjiān huā zài yúlè xīnwén, bāguà fēiwén shàng, zhèxiē dōngxī huì zǔ'ài rén de chéngzhǎng, zài zuì yīnggāi diédài zhīshì de niánjì lǐ, xǔduō rén de rèn zhī shuǐpíng què liúle jí.

——Lǐshànglóng

14. 서재는 너의 심방이다.

인간에게는 중환자실, 산방, 서재 등 세 가지 수양을 할 수 있는 공간이 있다. 중환자실에 가서 너보다 훨씬 참담한 사람을 보고 산방을 가서 너보다 훨씬 큰 나무를 보고 서재에서 너보다 훨씬 똑똑한 책을 보면 아마 몰래 기뻐할 것이다.

중환자실, 산방, 서재는 모두 심방이다. 가서 기다리고 열어라. 그 방들이 얼마나 크게 열릴 수 있는지는 너의 마음이 얼마나 큰지에 달려 있다. 침착하지 못할 때 핸드폰을 하지 마라, 컴퓨터 게임을 하지 말고 도서관, 헬스장, 산림이나 묘지에 숨어 들어라, 이런 것들은 너를 도와 침착해지게 한다.

——Féng táng

14. 书房是你的心房

　　人间有三个空间能息心养性：重症病房、山房、书房。去重症病房看看比你惨很多的人，去山房看看比你高很多的树，去书房看看比你聪明很多的书，你应该能偷着乐乐。

　　病房、山房、书房，都是心房，去待待，去打开，那些房间能打开多大，你的心胸就有多大。心浮、气浮、神浮、体浮的时候，别玩手机了，别打电子游戏了，躲进图书馆、健身房、山林或者墓地，这些能帮你定定。

——冯唐

　　Rénjiān yǒusān gè kōngjiān néng xī xīn yǎngxìng: Zhòngzhèng bìngfáng, shān fáng, shūfáng. Qù zhòngzhèng bìngfáng kàn kàn bǐ nǐ cǎn hěnduō de rén, qù shān fáng kàn kàn bǐ nǐ gāo hěnduō de shù, qù shūfáng kàn kàn bǐ nǐ cōngmíng hěnduō de shū, nǐ yīnggāi néng tōuzhe lè lè.

　　Bìngfáng, shān fáng, shūfáng, dōu shì xīnfáng, qù dài dài, qù dǎkāi, nàxiē fángjiān néng dǎkāi duōdà, nǐ de xīnxiōng jiù yǒu duōdà. Xīnfú, qì fú, shén fú, tǐ fú de shíhòu, bié wán shǒujīle, bié dǎ diànzǐ yóuxìle, duǒ jìn túshū guǎn, jiànshēnfáng, shānlín huòzhě mùdì, zhèxiē néng bāng nǐ dìng dìng.

——Féng táng

15. 책은 인류 지혜의 결정체이다.

인류가 수천 년 동안 지혜를 보존하는 방법은 거의 두 가지밖에 없다. 첫째는 실물로 보존하는 것이다. 예를 들면 만리장성과 같은 것이다. 둘째는 책이다. 글자를 발명하기 전에 지혜를 보존하는 것은 기억에 달려있고 문자를 발명한 후에는 책으로 사용한다.

——Jìxiànlín

학습력은 모든 능력의 기초이다. 학습력이 있다면 생활에 대한 지배력을 갖게 된다.

——Zhào zhōu

미래에 우리가 할 수 있는 것은 평생 공부뿐이고 끊임없이 자신의 인지을 바꾸어 가는 것이다. 공부의 상태에 계속 있을 때 너도 유동적인 사람이 될 것이다. 공부에 있어서 끊임없이 굶주린 사람과 허기를 가진 사람이 되면 세상과 융화될 수 있다.

——Shuǐ mùrán

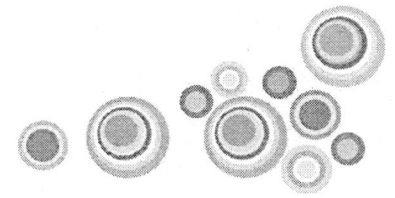

梦想中国语　名人名言

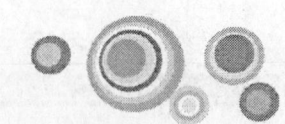

15. 书籍是人类智慧的结晶

人类千百年以来保存智慧的手段不出两端：一是实物，比如长城等等；二是书籍。以后者为主。在发明文字以前，保存智慧靠记忆；文字发明了以后，则使用书籍。

——季羡林

Rénlèi qiān bǎi nián yǐlái bǎocún zhìhuì de shǒuduàn bù chū liǎng duān: Yī shì shíwù, bǐrú chángchéng děng děng; èr shì shūjí. Yǐhòu zhě wéi zhǔ. Zài fāmíng wénzì yǐqián, bǎocún zhìhuì kào jìyì; wénzì fāmíngliǎo yǐhòu, zé shǐyòng shūjí.——Jìxiànlín

学习力是一切能力的基础。拥有学习力，你就拥有了对生活的掌控力。

——赵周

Xuéxí lì shì yíqiè nénglì de jīchǔ. Yōngyǒu xuéxí lì, nǐ jiù yǒngyǒule duì shēnghuó de zhǎngkòng lì.

——Zhào zhōu

未来我们能做的只有终身学习，不断迭代自己的认知。当你一直处于学习的状态时，你也变成了一个流动的人，永远保持饥渴和虚无的状态，你就能和世界融为一体。——水木然

Wèilái wǒmen néng zuò de zhǐyǒu zhōngshēn xuéxí, búduàn diédài zìjǐ de rèn zhī. Dāng nǐ yìzhí chǔyú xuéxí de zhuàngtài shí, nǐ yě biàn chéngle yígè liúdòng de rén, yǒngyuǎn bǎochí jī kě hé xūwú dì zhuàngtài, nǐ jiù néng hé shìjiè róng wéi yìtǐ.——Shuǐ mùrán

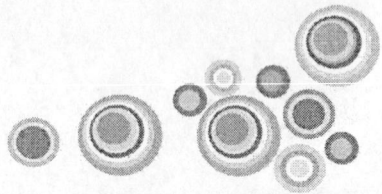

16. 책은 인간의 역사를 보존한다.

인류가 구축한 문화 가운데 책이 가장 획기적인 발명이라고 할 수 있다. 구두 언어 문화만 있던 상고시대에 인류는 오랜 세월을 보냈지만 문명의 진보를 이루지 못했다. 문자가 등장할 때까지 인간은 지식을 축적하고 전달하는 방법을 파악했고 이어 4대 문명이 탄생하면서 사회는 비약적으로 발전하기 시작하여 오늘날까지 이르고 있다.

이 과정에서 글자의 '매개체'는 석판, 목간, 죽간에서 종이로 발전했고 결국 '책'이라는 지극히 편리한 형태로 고정됐다. 인류의 발전 역사는 책에 의해 구축됐고 책에 의해 전승되었다고 해도 과언이 아니다.

——Takashi Saitô

16. 书籍保存了人类历史

在人类构筑的文化当中，书大概算是最具划时代意义的发明了。在只有口头语言文化的远古时代，人类耗费了无数年月，也未能实现文明的大进步。直到后来文字出现，人类才掌握了积累、传递知识的技巧，继而四大文明诞生，社会开始飞速发展，直至今日。

在这个过程中，文字的"载体"从石板、木简、竹简进化到纸，最终固定为"书"这种极其便利的形式。可以毫不夸张地说，人类的发展历史是由书构筑起来的，也是由书传承下来的。

——斋藤孝

Zài rénlèi gòuzhù de wénhuà dāngzhōng, shū dàgài suànshì zuì jù huàshídài yìyì de fā míng liǎo. Zài zhǐyǒu kǒutóu yǔyán wénhuà de yuǎngǔ shídài, rénlèi hào fèi liǎo wúshù nián yue, yě wèi néng shíxiàn wénmíng de dà jìnbù. Zhídào hòulái wénzì chūxiàn, rénlèi cái zhǎngwǒle jīlěi, chuándì zhīshì de jìqiǎo, jì'ér sì dà wénmíng dànshēng, shèhuì kāishǐ fēisù fāzhǎn, zhízhì jīnrì.

Zài zhège guòchéng zhōng, wénzì de "zàitǐ" cóng shíbǎn, mùjiǎn, zhújiǎn jìnhuà dào zhǐ, zuìzhōng gùdìng wèi "shū" zhè zhǒng jíqí biànlì de xíngshì. Kěyǐ háo bù kuāzhāng de shuō, rénlèi de fā zhǎn lìshǐ shì yóu shū gòuzhù qǐlái de, yěshì yóu shū chuánchéng xiàlái de.

——Takashi Saitô

 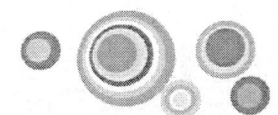

17. 책은 시간과 공간을 초월할 수 있다

글쓰기는 약 5300년 전 메소포타미아, 3400년 전 중국, 그리고 2700년 전 중미 등 적어도 세 곳에서 시작했다.

쓰기는 기억의 시간을 늘려줄 뿐 아니라 기억의 범위도 넓혀준다. 쓰기는 언어의 연장으로 더욱 중요한 기능이 있다. 언어는 생각을 전파하게 하고 의사소통 능력은 직접 체험할 필요가 없고 남의 경험에서 이익을 얻을 수 있다. 이것은 거대한 우세이다.

지식을 나누면서 만들어진 기회라는 점에서 보면 글쓰기는 언어를 넘어서 질적 도약이다. 언어는 화자와 청자가 같은 시간, 같은 장소에 있어야 하는데 쓰기는 그런 요구가 없다. 언어는 순간적이지만 쓰기는 영구적이다. 또한 언어는 한 곳에서만 발생하지만 글쓰기는 전이가 가능하다.

——Daniel T. Willingham

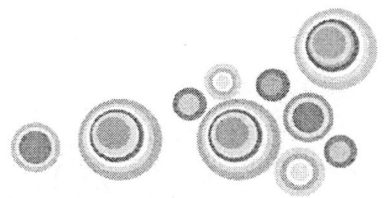

17. 书籍可以穿越时空

书写至少出现自三个不同的地区：约5300年前的美索不达米亚、3400年前的中国，以及2700年前的中美洲。

书写不仅延长了记忆的时间，而且扩展了记忆的范围。书写还具有一种更为重要的功能：作为语言的延伸。语言使思想得以传播，沟通能力能让我从你的经验中获益，而不必通过亲身体验来学习。这是一个巨大的优势。

就分享知识所创造的机会而言，书写远远超越了语言，是质的飞跃。语言要求说者和听者处于同一时间、同一地点，而书写却没有这种要求；语言是瞬时性的，但书写（原则上）是永久性的；语言只发生在一个地方，但书写是可转移的。

——丹尼尔·T.威林厄姆

Shūxiě zhìshǎo chūxiàn zì sān gè bùtóng dì dìqū: Yuē 5300 nián qián dì měi suǒ bù dá mǐ yà,3400 nián qián de zhōngguó, yǐjí 2700 nián qián de zhōng měizhōu.

Shūxiě bùjǐn yánchángle jìyì de shíjiān, érqiě kuòzhǎnle jìyì de fànwéi. Shūxiě hái jùyǒu yì zhǒng gèng wéi zhòngyào de gōngnéng: Zuòwéi yǔyán de yánshēn. Yǔyán shǐ sīxiǎng déyǐ chuánbō, gōutōng nénglì néng ràng wǒ cóng nǐ de jīngyàn zhōng huò yì, ér búbì tōngguò qīnshēn tǐyàn lái xuéxí. Zhè shì yígè jùdà de yōushì.

Jiù fēnxiǎng zhīshì suǒ chuàngzào de jīhuì ér yán, shūxiě yuǎn yuǎn chāoyuèle yǔyán, shì zhì de fēiyuè. Yǔyán yāoqiú shuō zhě hé tīng zhě chǔyú tóngyī shíjiān, tóngyī dìdiǎn, ér shūxiě què méiyǒu zhè zhǒng yāoqiú; yǔyán shì shùnshí xìng de, dàn shūxiě (yuánzé shàng) shì yǒngjiǔ xìng de; yǔyán zhī fāshēng zài yígè dìfāng, dàn shūxiě shì kě zhuǎnyí de.

——Daniel T. Willingham

18. 책은 작자의 에너지를 응집한다.

책은 시간과 공간을 초월한 힘을 가지고 있다. 모든 저장매체 중 종이는 매체의 하나로 수백 년이 지나도 읽을 수 있을 정도로 오랜 저장 능력을 갖고 있다. 책은 작가 자신의 "인생"과 "에너지"를 모아 완성하다고 할 수 있다. 책 한 권에 담긴 메시지는 작가 지금까지의 대부분 "경험"과 "지식"을 포함하고 있다.

——Yasuhiro Watanabe

뛰어나고 유일한 것들은 사실 피나 땀, 그리고 위대한 청춘 등 쓸쓸한 근면함을 전제로 한다.

——Wúxiǎobō

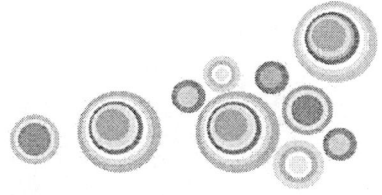

18. 书籍凝聚了作者的能量

书籍具有超越时空的力量。在所有的存储媒体中，纸张作为其中的一种，具有长久的存储能力，甚至历经数百年后，上面的内容仍能被人们读取。而书籍则可以说是凝聚了作者自己的"人生"与"能量"而写成的。一本书中所承载的信息，涵盖了作者迄今为止大部分的"经验"与"知识"。

——渡边康弘

Shūjí jùyǒu chāoyuè shíkōng de lìliàng. Zài suǒyǒu de cúnchú méitǐ zhōng, zhǐzhāng zuòwéi qízhōng de yì zhǒng, jùyǒu chángjiǔ de cúnchú nénglì, shènzhì lìjīng shù bǎi nián hòu, shàngmiàn de nèiróng réng néng bèi rénmen dòu qǔ. Ér shūjí zé kěyǐ shuō shì níngjùle zuòzhě zìjǐ de "rénshēng" yǔ "néngliàng" ér xiěchéng de. Yì běn shū zhōng suǒ chéngzài de xìnxī, hángàile zuòzhě qìjīn wéizhǐ dà bùfèn de "jīngyàn" yǔ "zhīshi".

——Yasuhiro Watanabe

每一件与众不同的绝世好东西，其实都是以无比寂寞的勤奋为前提的，要么是血，要么是汗，要么是大把大把的曼妙青春好时光。

——吴晓波

Měi yí jiàn yǔ zhòng bùtóng de juéshì hǎo dōngxī, qíshí dōu shì yǐ wúbǐ jìmò de qínfèn wèi qiántí de, yàome shì xuè, yàome shì hàn, yàome shì dà bǎ dà bǎ de mànmiào qīngchūn hǎo shíguāng.

——Wúxiǎobō

 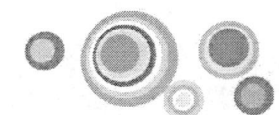

19. 책은 인류의 유전자를 움직임을 돕는다.

<작동하는 활법>에 따르면 인간의 유전자는 99.5%가 똑같지만 각 유전자의 움직인 정도가 개인 능력의 차이를 결정한다고 밝혔다. 일류 인물과 접촉하는 것은 유전자를 작동시키는 한 수단이다.

사실 우리가 일류 인물들과 접할 수 있는 기회는 드물지만 일류 인물들의 책은 누구나 언제든지 읽을 수 있다. 고전 작품처럼 시간의 시련을 이겨낼 수 있는 책은 "초일류"로 부를 수 있다. 우리가 이 위대한 선구자들과 접촉하면 그들의 도움으로 자신의 유전자를 작동시킬 수 있다.

선구적인 위인의 격언을 만날 때마다 한 유전자가 작동될 수 있다. 격언을 계속 공부하면 많은 유전자가 작동될 수 있다. 또한 독서를 통해 위인들을 자주 만나면 열의와 같은 자세와 의지를 자극해 긍정적인 정신을 유지하는 데도 도움이 된다. 이런 상태가 오래 유지될 수 있다면 습관이 된다.

——Zhāi téngxiào

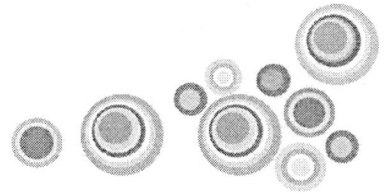

梦想中国语　名人名言

19. 书籍帮人类启动基因

《启动的活法》一书指出，人类的基因有99.5%是完全相同的，而个体能力的参差不齐，是由每个基因的"启动"程度决定的。接触一流人物，就是启动基因的一种手段。

事实上，我们能真正接触一流人物的机会少之又少，但是一流人物的书，任何人随时都能阅读。像经典作品等经得起时间考验的书，更可以称为"超一流"。我们亲近这些伟大的先驱，就能在他们的帮助下，启动自身的基因。

每遇见一位先驱伟人的格言警句，就相当于启动一个基因。不断接触格言警句，就能启动多个基因。同时，通过读书经常接触伟人，也会刺激"干劲"等姿态和意志，有助于保持积极的心态。这样的状态若能长久维持，就会形成习惯。

——斋藤孝

<Qǐdòng de huó fǎ> yì shū zhǐchū, rénlèi de jīyīn yǒu 99.5%Shì wánquán xiāngtóng de, ér gètǐ nénglì de cēncī bù qí, shì yóu měi gè jīyīn de "qǐdòng" chéngdù juédìng de. Jiēchù yīliú rénwù, jiùshì qǐdòng jīyīn de yì zhǒng shǒuduàn.

Shìshí shàng, wǒmen néng zhēnzhèng jiēchù yīliú rénwù de jīhuì shǎo zhī yǒu shǎo, dànshì yīliú rénwù de shū, rènhé rén suíshí dōu néng yuèdú. Xiàng jīngdiǎn zuòpǐn děng jīng dé qǐ shíjiān kǎoyàn de shū, gèng kěyǐ chēng wèi "chāoyīliú". Wǒmen qīnjìn zhèxiē wěidà de xiānqū, jiù néng zài tāmen de bāngzhù xià, qǐdòng zìshēn de jīyīn.

Měi yùjiàn yí wèi xiānqū wěirén de géyán jǐngjù, jiù xiāngdāng yú qǐdòng yígè jīyīn. Bùduàn jiēchù géyán jǐngjù, jiù néng qǐdòng duō gè jīyīn.Tóngshí, tōngguò dúshū jīngcháng jiēchù wěirén, yě huì cìjī "gànjìng" děng zītài hé yìzhì, yǒu zhù yú bǎochí jījí de xīntài. Zhèyàng de zhuàngtài ruò néng chángjiǔ wéichí, jiù huì xíngchéng xíguàn, ér yídàn xíngchéng xíguàn, zhè zhīhòu, jiù quán zàiyú zìjǐ xiǎng bǎ xīntài wéichí zài shénme yàng de shuǐpíng shàngle.

——Zhāi téngxiào

20. 인생에서 가장 중요한 두 친구

인생에서 친구가 없으면 안 된다. 모든 친구 중에 없어서는 안 되는 두 친구가 있다.

첫 번째 친구는 자신이다. 몸에 있는 더욱 높은 자신이다. 모든 사람에게는 더 높은 자신이 있다. 철학자는 이성, 기독교는 영혼, 불교는 불성이라고 부른다. 그러나 그 친구는 항상 잠자고 있는 상태이며 깨워야 한다.

이 높은 자신을 풍부하고 강하게 만들기 위해서는 또 다른 친구가 있어야 한다. 바로 좋은 책, 좋은 책 속에 살고 있는 위대한 영혼들이다.

——Zhōuguópíng

20. 人生中最重要的两个朋友

人生不能没有朋友。在一切朋友中，有两个朋友是最不可缺的。

一个朋友就是你自己，是你身上的那个更高的自我。每个人身上都有一个更高的自我，哲学家称之为理性，基督教称之为灵魂，佛教称之为佛性，但它常常是沉睡着的，你要去把它唤醒。

为了使这个更高的自我变得丰富而强大，你还必须有另一个朋友，就是那些好书，活在好书里的那些伟大的灵魂。

——周国平

Rénshēng bùnéng méiyǒu péngyǒu. Zài yīqiè péngyǒu zhōng, yǒu liǎng gè péngyǒu shì zuì bùkě quē de.

Yígè péngyǒu jiùshì nǐ zìjǐ, shì nǐ shēnshang dì nàgè gèng gāo de zìwǒ. Měi gèrén shēnshang dōu yǒu yígè gèng gāo de zìwǒ, zhéxué jiā chēng zhī wèi lǐxìng, jīdūjiào chēng zhī wèi línghún, fójiào chēng zhī wèi fú xìng, dàn tā chángcháng shì chénshuìzhe de, nǐ yào qù bǎ tā huànxǐng.

Wèile shǐ zhège gèng gāo de zìwǒ biàn dé fēngfù ér qiángdà, nǐ hái bìxū yǒu lìng yígè péngyǒu, jiùshì nàxiē hǎo shū, huó zài hǎo shū lǐ dì nàxiē wěidà de línghún.

——Zhōuguópíng

 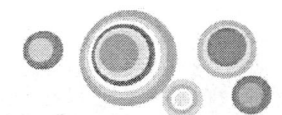

21. 책은 친구

머리카락이 가장 풍성할 때에는 친구가 가장 많다. 그러나 갈수록 우리는 결국 외로운 세월로 갈 것이다. 하지만 독서 습관을 가지고 있을 때는 너는 영원히 외롭지 않고 항상 편안함을 느낄 수 있다. 책을 한 권 들면 마치 한 명의 친구를 초대하는 것과 같다. 그 친구와 대화할 수 있고 그 친구의 의견에 찬성할 수 있으며 반대할 수 있다. 또한 그와 너의 불안감을 이야기할 수 있고 그의 생각에 기울일 수도 있다. 그를 내려 놓고, 또 다른 책 한 권을 들고 세 번째 사람이 너들의 교류에 참여하게 할 수 있다.

——Báiyánsōng

30초 만에 일의 본질을 꿰뚫어 볼 수 있는 사람과 평생동안 일의 본질을 파악하지 못하는 사람은 다른 운명이 될 수밖에 없다.

——(Měi)Mario Puzo

21. 书籍是朋友

一个人头发最茂密的时候，朋友最多，但是最终会走向越来越孤单的岁月。那么好了，当你拥有属于自己的阅读习惯时，你永远不会孤单，永远备感踏实。随便拿起一本书，就如同邀请到了一个朋友，可以跟他对话，可以赞成他，也可以反对他，可以和他谈谈你的焦虑、不安，听听他怎么想，还可以把他放下，拿起另外一本，让第三个人加入你们的交流。

——白岩松

Yígèrén tóufǎ zuì màomì de shíhòu, péngyǒu zuìduō, dànshì zuìzhōng huì zǒuxiàng yuè lái yuè gūdān de suìyuè. Nàme hǎole, dāng nǐ yǒngyǒu shǔyú zìjǐ de yuèdú xíguàn shí, nǐ yǒngyuǎn bù huì gūdān, yǒngyuǎn bèi gǎn tàshí. Suíbiàn ná qǐ yì běn shū, jiù rútóng yāoqǐng dàole yígè péngyǒu, kěyǐ gēn tā duìhuà, kěyǐ zànchéng tā, yě kěyǐ fǎnduì tā, kěyǐ hé tā tán tán nǐ de jiāolǜ, bù'ān, tīng tīng tā zěnme xiǎng, hái kěyǐ bǎ tā fàngxià, ná qǐ lìngwài yì běn, ràng dì sān gè rén jiārù nǐmen de jiāoliú.

——Báiyánsōng

花半秒钟就能看透事物本质的人，和花一辈子都看不清事物本质的人，注定是截然不同的命运。

——（美）马里奥·普佐

Huā bàn miǎo zhōng jiù néng kàntòu shìwù běnzhí de rén, hé huā yíbèizi dōu kàn bù qīng shìwù běnzhí de rén, zhùdìng shì jiérán bùtóng de mìngyùn.

——(Měi)Mario Puzo

 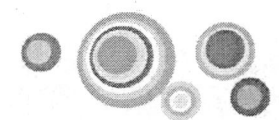

22. 책은 깊은 곳의 자신을 일깨울 수 있다

사실 우리 모두에게 있어 외적인 자신 외에도 내적인 정신적 자신이 존재하고 있다. 안타깝게도 많은 사람들의 이 내면의 자신은 깊이 잠드는 상태에 있으며, 심지어 발육도 좋지 못한다. 내면의 자신이 건강하게 자라기 위해서는 충분한 영양을 공급해야 한다.

자주 좋은 책을 읽고 깊이 생각하며 예술을 감상하고 다채로운 정신적 생활을 한다면 너는 분명히 더 높은 자신을 가지고 있다는 것을 느낄 수 있을 것이다. 이 더 높은 자신은 인생에 있어서 굴함이 없는 정신적 친구이다.

——Zhōuguópíng

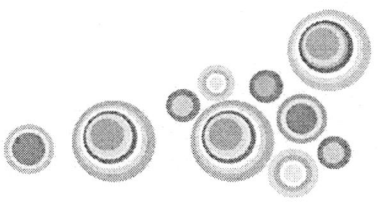

22. 书籍能唤醒深处的自我

事实上，在我们每个人身上，除了外在的自我以外，都还有着一个内在的精神性的自我。可惜的是，许多人的这个内在自我始终是昏睡着的，甚至是发育不良的。为了使内在自我能够健康生长，你必须给它以充足的营养。

如果你经常读好书、沉思、欣赏艺术，等等，拥有丰富的精神生活，你就一定会感觉到，在你身上确实还有一个更高的自我，这个自我是你的人生路上的坚贞不渝的精神密友。

——周国平

Shìshí shàng, zài wǒmen měi gèrén shēnshang, chúle wài zài de zìwǒ yǐwài, dōu hái yǒuzhe yígè nèizài de jīngshén xìng de zìwǒ. Kěxí de shì, xǔduō rén de zhège nèizài zìwǒ shǐzhōng shì hūnshuìzhe de, shènzhì shì fāyù bùliáng de. Wèile shǐ nèizài zìwǒ nénggòu jiànkāng shēngzhǎng, nǐ bìxū gěi tā yǐ chōngzú de yíngyǎng.

Rúguǒ nǐ jīngcháng dú hǎo shū, chénsī, xīnshǎng yìshù, děng děng, yǒngyǒu fēngfù de jīngshén shēnghuó, nǐ jiù yídìng huì gǎnjué dào, zài nǐ shēnshang quèshí hái yǒu yígè gèng gāo de zìwǒ, zhège zìwǒ shì nǐ de rénshēng lùshàng de jiānzhēn bù yú de jīngshén mìyǒu.

——Zhōuguópíng

23. 책은 우리가 마음속의 청류를 찾도록 도와준다.

인간의 사상은 지층의 깊숙한 곳에 흐르는 순수한 물과 같이 이미 매우 깊은 수준에 달해 있었다.

비교해 보면, 우리가 평소에 직면하는 각종 번거로움은 단지 강물 표면의 혼탁한 물에 불과하다. 혼탁한 물은 마시면 쓰지만 아래로 깊이 탐색하면 맑은 물을 찾을 수 있다.

지하에 맑은 물이 존재하고 있는지를 먼저 알고 "강한 잠재력"을 갖춰야 한다는 점이 관건이다.

책을 읽으면 우리는 그 "강한 잠재력"을 습득할 수 있다.

——Takashi Saitô

23. 书籍帮我们找到内心的清流

人类的思想早已达到极其深入的程度，犹如地层深处流淌着的纯净的水。

相较而言，我们平日面对的各种麻烦，不过是河流表层的浊水罢了。浊水喝着很苦，但只要向下深潜，就能找到清流。

关键在于，我们首先得知道底下存在清流，然后还须具备"深潜力"。

而读书，就能教会我们掌握这种"深潜力"。

——斋藤孝

Rénlèi de sīxiǎng zǎoyǐ dádào jíqí shēnrù de chéngdù, yóurú dìcéng shēn chù liútǎngzhe de chúnjìng de shuǐ.

Xiāng jiào ér yán, wǒmen píngrì miàn duì de gè zhǒng máfan, bùguò shì héliú biǎocéng de zhuó shuǐ bàle. Zhuó shuǐ hēzhe hěn kǔ, dàn zhǐyào xiàng xià shēn qián, jiù néng zhǎodào qīngliú.

Guānjiàn zàiyú, wǒmen shǒuxiān dé zhīdào dǐxia cúnzài qīngliú, ránhòu hái xū jùbèi "shēn qiánlì".

Ér dúshū, jiù néng jiāohuì wǒmen zhǎngwò zhè zhǒng "shēn qiánlì".

——Takashi Saitô

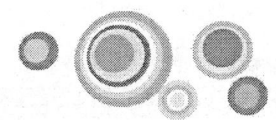

24. 독서는 더 많은 가능성을 발견하게 할 수 있다.

 사실 책을 읽지 않으면 나쁠 것이 별로 없다. 단지 현실 세계에 너무 빠져들어 남에게 구차하게 보이기 쉽다. 예를 들면, 너는 전기로 남의 인생을 엿볼 수 있고 심리학 책으로 자신의 처지를 잘 알 수 있다. 그리고 역사에 관한 책으로 칼날이 번뜩이는 전쟁시기를 보면서 아무리 생명이 찬란해도 끝날 수 있음을 깨닫는다.

 독서는 역사, 미래, 현실, 공허함 사이에 넘나들고 자신의 생활의 더 많은 가능성을 발견하게 한다.

——Zuómó xiānshēng

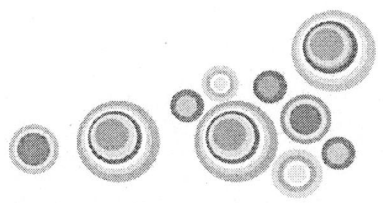

24. 读书让你发现更多可能

其实不读书也没什么坏处，只是太过沉溺于现实世界，容易让人狗苟蝇营。比如，你可以通过读一本传记，窥见别人的人生。你可以读一本心理学的书，洞悉自我的处境。你可以读一本历史的书，看刀光剑影，明白再辉煌的生命也会尘埃落定。

读书，让你在历史、未来、现实、空虚中来回穿梭，然后发现自己生活的更多可能。

——琢磨先生

Qíshí bù dúshū yě méishénme huàichu, zhǐshì tàiguò chénnì yú xiànshí shìjiè, róngyì ràng rén gǒu gǒu yíng yíng. Bǐrú, nǐ kěyǐ tōngguò dú yì běn zhuànjì, kuījiàn biérén de rénshēng. Nǐ kěyǐ dú yì běn xīnlǐ xué de shū, dòngxī zìwǒ de chǔjìng. Nǐ kěyǐ dú yì běn lìshǐ de shū, kàn dāoguāngjiànyǐng, míngbái zài huīhuáng de shēngmìng yě huì chén'āi luò dìng.

Dúshū, ràng nǐ zài lìshǐ, wèilái, xiànshí, kōngxū zhōng láihuí chuānsuō, ránhòu fāxiàn zìjǐ shēnghuó de gèng duō kěnéng.

——Zuómó xiānshēng

25. 책과 인터넷 정보의 차이

정보량만에 신경 쓴다면 1~2주 걸려 책 한 권을 읽는 것보다 차라리 인터넷을 한 시간 동안 들여다보는 것이 더 많은 정보를 얻을 수 있을 것이다. 아니면 블로그, 트위터 등 인터넷 도구를 통해 전 세계적으로 다른 사람들의 생각을 파악하고 서로 정보를 교환할 수 있다. 이런 의미에서 당대 사람들은 환상적인 세계에서 살아가고 있다.

그러나 한 가지 주의해야 하는 점은 이용자의 의식이다. 자체 수양이 확실히 깊은 정도에 도달했다면 이를 바탕으로 평균 수준의 인터넷 정보를 제대로 획득하면 판단의 참고자료로 자연스럽게 아무 문제가 없다.

그러나 책을 충분히 읽지 못하고 인터넷에만 의하면 정보 표면을 떠돌 수밖에 없고 그 속을 전혀 들어갈 수 없다. 다시 말하면 인터넷을 더 효율적으로 활용하려면 자신의 정신과 사상이 충분한 깊이에 달하도록 먼저 확보해야 한다.

——Takashi Saitô

25. 书籍和互联网信息的不同

只在意信息量的话，与其花一两周的时间读完一本书，不如在互联网上浏览一个小时，得到的信息可能更多。或者通过博客、推特等网络工具，可以了解全世界范围内其他人的想法，互相交换信息。从这个意义上讲，当代人正生活在一个梦幻般的世界里。

但有一点需要注意，那就是用户的意识。如果自身修养确实达到了一定深度，在此基础上妥善获取平均水平的网络信息，作为判断的参考，自然毫无问题。

但如果书读得不够，只依赖互联网的话，就只能在海量的信息表面漂流，完全无法深入其中。换句话说，要想更有效地利用互联网，得先确保自己的精神和思想达到足够的深度。——斋藤孝

Zhǐ zàiyì xìnxī liàng dehuà, yǔqí huā yì liǎng zhōu de shíjiān dú wán yì běn shū, bùrú zài hùliánwǎng shàng liúlǎn yígè xiǎoshí, dédào de xìnxī kěnéng gèng duō. Huòzhě tōngguò bókè, tuī tèděng wǎngluò gōngjù, kěyǐ liǎojiě quán shìjiè fànwéi nèi qítā rén de xiǎngfǎ, hù xiàng jiāohuàn xìnxī. Cóng zhège yìyì shàng jiǎng, dāngdài rén zhèng shēnghuó zài yígè mènghuàn bān de shìjiè lǐ.

Dàn yǒu yìdiǎn xūyào zhùyì, nà jiùshì yònghù de yìshí. Rúguǒ zìshēn xiūyǎng quèshí dádàole yídìng shēndù, zài cǐ jīchǔ shàng tuǒshàn huòqǔ píngjūn shuǐpíng de wǎngluò xìnxī, zuòwéi pànduàn de cānkǎo, zìrán háo wú wèntí.

Dàn rúguǒ shū dú dé bùgòu, zhǐ yīlài hùliánwǎng dehuà, jiù zhǐ néng zài hǎiliàng de xìnxī biǎomiàn piāoliú, wánquán wúfǎ shēnrù qízhōng. Huàn jù huàshuō, yào xiǎng gèng yǒuxiào de lìyòng hùliánwǎng, dé xiān quèbǎo zìjǐ de jīngshén hé sīxiǎng dádào zúgòu de shēndù.——Takashi Saitô

26. 인터넷 정보 접근의 단점

인터넷은 우리의 뇌구조에 영향을 미쳐 인간이 예전처럼 깊은 생각을 하지 않고 점차 천박해지게 한다.

언젠가부터 인터넷에 정보가 너무 많아 글을 올리는 사람들이 눈을 잡으려고 애를 썼고 제목이 사람들을 놀라게 하여 결국 누구나 "표제당"이 됐다.

——Liángwéndào

어떤 사람들은 아무것도 모르지만 많은 단어를 습득하여 있는 반면 다른 사람들은 모르는 것이 없는데도 한 마디도 할 수 없다.

——Kundera

26. 互联网获得信息的缺点

互联网影响我们的大脑构造，使人类不再习惯像从前那样做深度思考，而逐渐流于浅薄。

不知从什么时候开始，由于互联网上资讯太多，在网上发帖的人都想尽办法吸引别人的眼球，于是题目写得越耸人听闻越好，最后人人都成了"标题党"。

——梁文道

Hùliánwǎng yǐngxiǎng wǒmen de dànǎo gòuzào, shǐ rénlèi bù zài xíguàn xiàng cóngqián nàyàng zuò shēndù sīkǎo, ér zhújiàn liú yú qiǎnbó.

Bùzhī cóng shénme shíhòu kāishǐ, yóuyú hùliánwǎngshàng zīxùn tài duō, zài wǎng shàng fātiē de rén dōu xiǎng jǐn bànfǎ xīyǐn biérén de yǎnqiú, yúshì tímù xiě dé yuè sǒngréntīngwén yuè hǎo, zuìhòu rén rén dōu chéngle "biāotí dǎng".

——Liángwéndào

有些人一无所知，却掌握着大量的词语，而另外一些人无所不知，却一个字都说不出来。——昆德拉

Yǒuxiē rén yī wú suǒ zhī, què zhǎngwòzhe dàliàng de cíyǔ, ér lìngwài yìxiē rén wú suǒ bùzhī, què yígè zì dōu shuō bu chūlái.——Kundera

梦想中国语 名人名言

27. 스마트 시대에 인류는 갈수록 무지해지고 있다.

정보 폭발 시대에 왜 사람은 갈수록 무지해질까? 인터넷은 사람을 어리석게 만들지 않지만 자신이 어떤 일에 대해 무지하다는 것을 깨닫는 것은 어렵게 만든다. 지식의 부족은 사람들이 세계를 구축하는 마음을 왜곡시킬 수 있다. 이런 왜곡은 사람들의 개인 영역과 공공 영역의 선택, 행동과 관점에 영향을 끼칠 수 있다.

——[Měi]William Poundstone

우리를 자유롭게 하지 못하게 하는 진정한 것은 감옥의 담장이 아니라 우리 자신의 본능과 습관이다.

——Lǐshànglóng

27. 智能时代，人类越来越无知

信息爆炸时代，为什么人却越来越无知？互联网不会让人变蠢，但它会让人们更难意识到自己对哪些事情无知。缺乏知识会扭曲人们构建世界的心智地图。这些曲解会影响到人们在私人领域和公众领域的选择、行为和观点。

——[美]威廉·庞德斯通

xìnxī bàozhà shídài, wèishéme rén què yuè lái yuè wúzhī? Hùliánwǎng bú huì ràng rén biàn chǔn, dàn tā huì ràng rénmen gèng nán yìshí dào zìjǐ duì nǎxiē shìqíng wúzhī. Quēfá zhīshì huì niǔqū rénmen gòujiàn shìjiè de xīnzhì dìtú. Zhèxiē qūjiě huì yǐngxiǎng dào rénmen zài sīrén lǐngyù hé gōngzhòng lǐngyù de xuǎnzé, xíngwéi hé guāndiǎn.

——[Měi]William Poundstone

真正让我们不自由的，并不是监狱的围墙，而是我们自己的本能和习惯。

——李尚龙

Zhēnzhèng ràng wǒmen bù zìyóu de, bìng búshì jiānyù de wéiqiáng, ér shì wǒmen zìjǐ de běnnéng hé xíguàn.

——Lǐshànglóng

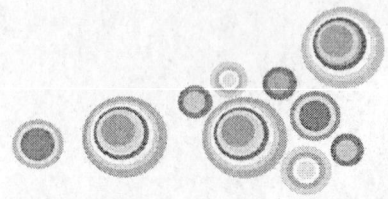

28. 책과 텔레비전의 차이

책과 텔레비전의 차이는 책의 글자는 추상적인 기호라는 점이다. 읽는 동시에 사고해야 한다는 것이다. 그렇지 않으면 글자의 의미를 이해할 수 없다.

반면 텔레비전은 이미지로 시청자에게 직접적인 영향을 미치며 사고가 시청을 방해할 수 있기 때문에 사고를 꺼리기도 한다.

——Zhōuguópíng

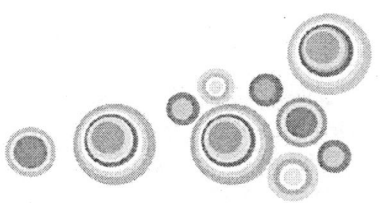

28. 书籍和电视的区别

书籍区别于电视的特点是，文字是抽象的符号，它要求阅读必须同时也是思考，否则就不能理解文字的意义。

相反，电视直接用图像影响观众，它甚至忌讳思考，因为思考会妨碍观看。

——周国平

Shūjí qūbié yú diànshì de tèdiǎn shì, wénzì shì chōuxiàng de fúhào, tā yāoqiú yuèdú bìxū tóngshí yěshì sīkǎo, fǒuzé jiù bùnéng lǐjiě wénzì de yìyì.

Xiāngfǎn, diànshì zhíjiē yòng túxiàng yǐngxiǎng guānzhòng, tā shènzhì jìhuì sīkǎo, yīnwèi sīkǎo huì fáng'ài guānkàn.

——Zhōuguópíng

29. 책과 영화의 차이

'영화'는 앉아만 있어도 즐길 수 있는 '수동적' 매체이고 '독서'는 영화와 전혀 다르다. 책을 읽으면 독자는 반드시 주의력을 집중해야만 모든 과정을 완성할 수 있다.

——Yasuhiro Watanabe

책을 읽고 잊어버릴까봐 겁내지 말고 잊은 뒤에도 남는 것이 진정한 자기의 것이다.

——Lǐshànglóng

독서의 진정한 의미는 원문의 "100% 복제"가 아니라 "우연 1%"의 성과에 있다.

——Yìnnán dūnshi

29. 书籍和电影的区别

"电影"是只需要你坐在那儿就可以欣赏的"被动接受的"媒体。但是,"阅读"却是与之完全不同的。阅读者必须集中自己的注意力,才能完成整个过程。

——渡边康弘

"Diànyǐng" shì zhǐ xūyào nǐ zuò zài nà'er jiù kěyǐ xīnshǎng de "bèidòng jiēshòu de" méitǐ. Dànshì, "yuèdú" què shì yǔ zhī wánquán bùtóng de. Yuèdú zhě bìxū jízhōng zìjǐ de zhùyì lì, cáinéng wánchéng zhěnggè guòchéng.

——Yasuhiro Watanabe

别怕读完书就忘掉,那些忘掉后还留下来的,才是真正属于自己的东西。

——李尚龙

Bié pà dú wán shū jiù wàngdiào, nàxiē wàngdiào hòu hái liú xiàlái de, cái shì zhēnzhèng shǔyú zìjǐ de dōngxī.

——Lǐshànglóng

读书的真正意义,并不在于"复制100%"的原文,而是在于"邂逅1%"的收获。

——印南敦史

Dúshū de zhēnzhèng yìyì, bìng bú zàiyú "fùzhì 100%" de yuánwén, ér shì zàiyú "xièhòu 1%" de shōuhuò.

——Yìnnán dūnshǐ

30. 너의 재능으로는 야심을 이길 수 없을 때

너의 재능이 야심을 이길 수 없을 때에는 마음을 가라앉히고 공부를 해야 한다. 너의 능력이 목표를 달성할 수 없을 때는 마음을 가라앉히고 경험을 쌓아야 한다. 기회는 항상 가장 갖고 싶은 사람에게 주어지며 마음 속의 자신과 대화하고 어떤 삶을 원하는지 물어보는 법을 배워야 한다. 마음을 가라앉히고 공부하며 인내심을 가지기만 하면 큰 그림을 구축할 수 있고 눈부신 인생이 있을 수 있다.

——Liúliyún

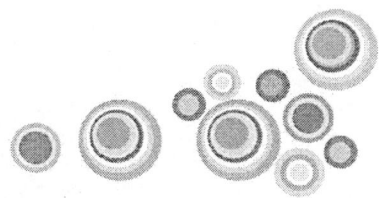

30. 当你的才华撑不起野心

当你的才华还撑不起你的野心的时候，你就应该静下心来学习；当你的能力还驾驭不了你的目标时，就应该沉下心来历练。机会永远是留给最渴望的那个人，学会与内心深处的你对话，问问自己想要怎样的人生。只有静心学习，耐心沉淀，才能培养自己的大格局，才能有一个出彩的人生。

——刘丽云

Dāng nǐ de cáihuá hái chēng bù qǐ nǐ de yěxīn de shíhòu, nǐ jiù yīnggāi jìng xiàxīn lái xuéxí; dāng nǐ de nénglì hái jiàyù bùliǎo nǐ de mùbiāo shí, jiù yīnggāi chén xiàxīn lái liliàn. Jīhuì yǒngyuǎn shì liú gěi zuì kěwàng dì nàgè rén, xuéhuì yǔ nèixīn shēn chǔ de nǐ duìhuà, wèn wèn zìjǐ xiǎng yào zěnyàng de rénshēng. Zhǐyǒu jìngxīn xuéxí, nàixīn chéndiàn, cáinéng péiyǎng zìjǐ de dà géjú, cáinéng yǒu yígè chūcǎi de rénshēng.

——Liúlìyún

31. 책은 부정적인 에너지를 가져가버릴 수 있다.

사람이 책에 빠져 있을 때 나오는 에너지의 온도는 바닥에서 내뿜는 마그마처럼 뜨겁다. 대부분 좋은 책의 저자는 마그마의 열도와 같은 마음을 갖고 있다. 예를 들어 프리드리히 니체의 경우 현실에 접촉하면 가혹하고 포악한 사람일 수 있지만 그 강렬한 사상의 에너지가 확실히 넘치고 뜨겁다는 것은 부인할 수 없다. 그분들이 쓴 책을 읽는 것은 그 생각의 뜨거운 부분에 가까이 가는 것과 같다.

그러면 우리 자신도 열을 내면서 마음의 균형을 유지하게 된다.

책을 읽으면 저자에게서 에너지를 얻을 수 있을 뿐만 아니라 흡수지와 같이 우리의 정신적 부정적인 에너지를 가져가버려 마음에 쌓인 스트레스를 덜어줄 수 있고 마음이 편안해진다.

——Takashi Saitô

31. 书籍可以吸走负能量

当人沉浸在书里时所发出的能量，热度足以媲美地底喷出的岩浆。大部分好书的作者，其内心热度都如同岩浆一般。比如尼采，实际接触可能他会是个性尖刻霸道的人，但不可否认，其强烈的思想确实能量充沛，炽热非凡。阅读他们所写的书，相当于靠近其思想中的炽热部分。

如此一来，我们自身也会发出热量，从而维持内心平衡，

读书不仅能让我们从作者身上得到能量，它还像吸水纸一样，能吸走我们精神上的负面能量，使我们内心淤积的压力得以减轻，从而保持心情舒畅。

——斋藤孝

Dāng rén chénjìn zài shū lǐ shí suǒ fāchū de néngliàng, rèdù zúyǐ pìměi dìdǐ pēn chū de yánjiāng. Dà bùfèn hǎo shū de zuòzhě, qí nèixīn rèdù dōu rútóng yánjiāng yībān. Bǐrú nícǎi, shíjì jiēchù kěnéng tā huì shì gèxìng jiānkè bàdào de rén, dàn bùkě fǒurèn, qí qiángliè de sīxiǎng quèshí néngliàng chōngpèi, chìrè fēifán. Yuèdú tāmen suǒ xiě de shū, xiāngdāng yú kàojìn qí sīxiǎng zhōng de chìrè bùfèn.

Rúcǐ yī lái, wǒmen zìshēn yě huì fāchū rèliàng, cóng'ér wéichí nèixīn pínghéng,

dúshū bùjǐn néng ràng wǒmen cóng zuòzhě shēnshang dédào néngliàng, tā hái xiàng xīshuǐ zhǐ yíyàng, néng xī zǒu wǒmen jīngshén shàng de fùmiàn néngliàng, shǐ wǒmen nèixīn yūjī de yālì déyǐ jiǎnqīng, cóng'ér bǎochí xīnqíng shūchàng.

——Takashi Saitô

32. 학습능력은 감가상각하지 않는다.

학력은 정지 상태의 능력을 의미하지만 학습 능력이야말로 동적이고 실용적인 능력이다.

지식과 기능, 그리고 기술은 현재에 아무리 새로워도 이 비약적으로 발전하는 시대에는 짧은 시간 안에 깨끗이 감가상각될 수 있다.

그러나 학습 기교는 언제나 젊고 영원히 감가상각하지 않는다.

——Fán yǔ

사람의 지식은 동그라미와 같다. 이 밖은 알 수 없는 것이고 안에서는 이미 안 것이다. 더 많이 알면 알수록 동그라미가 더 크고 더 동글동글한 둘레도 넓어지며 모른 것과 접촉할 수 있는 공간도 많아진다. 그리하여 아는 것이 많을수록 자신이 무지하다고 느낀다.

——Zhī nuò

32. 学习能力不会折旧

学历文凭代表一个人的静态能力，而学习能力才是一个动态、实用的能力。

无论知识和技能及技术在当代是多么新，但在这个飞速发展的年代里都可能在短短的时间里折旧得干干净净。

然而，学习技巧是永远年轻的，它永远不会折旧。

——凡禹

Xuélì wénpíng dàibiǎo yígè rén de jìngtài nénglì, ér xuéxí nénglì cái shì yígè dòngtài, shíyòng de nénglì.

Wúlùn zhīshì hé jìnéng jí jìshù zài dāngdài shì duōme xīn, dàn zài zhège fēisù fāzhǎn de niándài lǐ dōu kěnéng zài duǎn duǎn de shíjiān lǐ zhéjiù de gàn gānjìng jìng.

Rán'ér, xuéxí jìqiǎo shì yǒngyuǎn niánqīng de, tā yǒngyuǎn bú huì zhéjiù.

——Fán yǔ

人的知识就像一个圆，圆圈外是未知的，圆圈内是已知的。你知道得越多，你的圆圈就会越大，圆的周长也就越大，你与未知接触的空间也就越多。所以你知道的越多，越觉得自己无知。

——芝诺

Rén de zhīshì jiù xiàng yígè yuán, yuánquān wài shì wèizhī de, yuánquān nèi shì yǐ zhī de. Nǐ zhīdào de yuè duō, nǐ de yuánquān jiù huì yuè dà, yuán de zhōu cháng yě jiù yuè dà, nǐ yǔ wèizhī jiēchù de kōngjiān yě jiù yuè duō. Suǒyǐ nǐ zhīdào de yuè duō, yuè juéde zìjǐ wúzhī.——Zhī nuò

33. 천재를 사귀는 가장 좋은 방법

천재의 성격은 항상 괴팍하고 말과 행동도 이해하기 어렵다. 천재를 직접 사귀면 많이 귀찮지만 책을 사귀면 이러한 문제가 없다. 우리는 누워서 읽기도 하고 중요한 문장 밑에 선을 긋기도 하고 자신의 견해를 쓸 수도 있고 아무도 이러쿵저러쿵 말하지 않는다. 동서고금을 막론하고 '안테나'에 의해 탐지될 수 있는 인물이라면 긍정적으로 읽어보자고 권한다.

——Takashi Saitô

너의 행동을 변화시킬 수 있는 정보만이 지식이다.

——Chéng jiǎ

나는 배고픈 사람이 빵에 달려드는 것처럼 책에 달려들었다.

——Maksim Gorky

33. 和天才交往的最好的方法

天才的性格往往很乖戾，言行也不好理解，若是直接与其本人交往，多少会有些麻烦，但读书就不存在这个问题了。我们可以躺着读，也可以在重要的句子下画线，还可以写下自己的见解，没人会说三道四。我建议，不论古今中外，只要是能被你的"天线"嗅探到的人物，就去积极地读吧。

——斋藤孝

Tiāncái de xìnggé wǎngwǎng hěn guāilì, yánxíng yě bù hǎo lǐjiě, ruòshì zhíjiē yǔqí běnrén jiāowǎng, duōshǎo huì yǒuxiē máfan, dàn dúshū jiù bù cúnzài zhège wèntíle. Wǒmen kěyǐ tǎngzhe dú, yě kěyǐ zài zhòngyào de jùzi xià huà xiàn, hái kěyǐ xiě xià zìjǐ de jiànjiě, méi rén huì shuō sān dào sì. Wǒ jiànyì, búlùn gǔjīn zhōngwài, zhǐyào shi néng bèi nǐ de "tiānxiàn" xiù tàn dào de rénwù, jiù qù jījí de dú ba.

——Takashi Saitô

只有能够改变你行动的信息才是知识。——成甲

Zhǐyǒu nénggòu gǎibiàn nǐ xíngdòng de xìnxī cái shì zhīshì.——Chéng jiǎ

我扑在书籍上，就像饥饿的人扑在面包上一样。——高尔基

Wǒ pū zài shūjí shàng, jiù xiàng jī'è de rén pū zài miànbāo shàng yíyàng.——Maksim Gorky

34. 대학 졸업 후 격차가 커진 이유

어떤 사람이 동창 모임에 참가할 때는 항상 답답하다: 왜 모두들 학교 다니었을 때는 비슷하고 학교를 떠난 후 몇 년 간에 벌써 달라질까?

사실 사람마다 원래부터 성격과 능력이 크게 다르다. 하지만 학교에서는 시험 성적의 차이밖에 안 보인다는 것이다.

졸업 후 1년이 지나 의사소통 능력과 문제해결 능력의 영향이 나타나고 졸업 후 3년에 정서 능력과 관계 능력의 차이가 커지며 졸업 후 5년에 자기 관리 능력과 논리력을 중요하고 졸업 후 10년에 성취와 행복은 끊임없이 성장하고 있는 능력에 따라 달라진다.

——Zhào zhōu

34. 大学毕业后差距拉大的原因

有人参加同学聚会时会纳闷儿：为什么大家在校时都差不多，离开学校几年后就天差地别了呢？

答案也许是：每个人的特质和能力本来就差别极大，只不过在学校时只能看出考试成绩的差别。

毕业1年后，沟通能力和解决问题能力带来的影响就会显现；毕业3年后，情绪能力和关系能力把差距拉大；毕业5年后，拼的是自我管理能力和逻辑能力；毕业10年后，成就和幸福取决于不断成长的能力。

——赵周

Yǒurén shēn jiā tóngxué jùhuì shí huì nàmènr: Wèishéme dàjiā zài xiào shí dōu chàbùduō, líkāi xuéxiào jǐ nián hòu jiù tiānchādìbié le ne?

Dá'àn yěxǔ shì: Měi gèrén de tèzhì hé nénglì běnlái jiù chābié jí dà, zhǐ bùguò zài xuéxiào shí zhǐ néng kàn chū kǎoshì chéngjī de chābié.

Bìyè 1 nián hòu, gōutōng nénglì hé jiějué wèntí nénglì dài lái de yǐngxiǎng jiù huì xiǎnxiàn; bìyè 3 nián hòu, qíngxù nénglì hé guānxì nénglì bǎ chājù lā dà; bìyè 5 nián hòu, pīn de shì zìwǒ guǎnlǐ nénglì hé luójí nénglì; bìyè 10 nián hòu, chéngjiù hé xìngfú qǔjué yú búduàn chéngzhǎng de nénglì.

——Zhào zhōu

35. 두 다리가 생기는 책

내 평생에 만난 똑똑한 사람들은 하루도 빠짐없이 매일 책을 읽는다.

나의 아이들은 모두 나를 비웃었다. 그들은 내가 두 다리가 생긴 책이라고 생각했다.

읽기를 통해 "돌아가신 위인"과 친구가 사귀다는 것은 재미있는 소리지만 만약 살아가면서 "돌아가신 위인"과 친구가 된다면 너는 더 나은 삶을 살고 더 좋은 교육을 받을 수 있다고 생각한다.

——Charlie Munger

초라할 때 산 책은 모두 기억할 수 있고 부유할 때 산 책은 열심히 읽지 않았다. 독서는 반드시 고생스러운 환경에서 해야 한다.

——sūnlí

35. 一本长了两条腿的书

我这辈子遇到的聪明人没有不每天阅读的——一个都没有。

我的孩子们都笑话我。他们觉得我是一本长了两条腿的书。

通过阅读和"已逝的伟人"交朋友，这听起来很好玩，但如果你确实在生活中与"已逝的伟人"成为朋友，那么我认为你会过上更好的生活，得到更好的教育。

——查理·芒格

Wǒ zhè bèizi yù dào de cōngmíng rén méiyǒu bù měitiān yuèdú de——yígè dōu méiyǒu.

Wǒ de háizimen dōu xiàohuà wǒ. Tāmen juédé wǒ shì yì běn zhǎngle liǎng tiáo tuǐ de shū.

Tōngguò yuèdú hé "yǐ shì de wěirén" jiāo péngyǒu, zhè tīng qǐlái hěn hǎowán, dàn rúguǒ nǐ quèshí zài shēnghuó zhōng yǔ "yǐ shì de wěirén" chéngwéi péngyǒu, nàme wǒ rènwéi nǐ huìguò shàng gèng hǎo de shēnghuó, dédào gèng hǎo de jiàoyù.

——Charlie Munger

寒酸时买的书，都记得住，阔气时买的书，读得不认真。读书必须在寒窗前，坐冷板凳

——孙犁

Hánsuān shí mǎi de shū, dōu jìde zhù, kuòqì shí mǎi de shū, dú dé bú rènzhēn. Dúshū bìxū zài hánchuāng qián, zuò lěng bǎndèng——sūnlí

36. 부와 지식의 범위에 정비례한다.

아는 지식의 깊이가 아니고 지식의 범위는 소득 수준을 예측하는 가장 좋은 요인이다.

박학다식으로 고소득을 얻고 고소득은 박학다식하게 한다.

유감스럽지만 우리는 부모님의 부유 정도를 선택할 수 없고 타고난 지적 능력도 선택할 수 없다.

하지만 우리 모두는 열심히 공부할 수 있다.

——[Měi]William Poundstone

36. 财富和知识广度成正比

知识的广度而非深度是预测收入水平的最佳因素。

广博的知识导致高收入，高收入又导致了博学多识，两者互为因果。

很遗憾，你不能选择父母的富裕程度，也选择不了与生俱来的心智能力。

但我们所有人，都可以付出努力去学习。

——[美]威廉·庞德斯通

Zhīshì de guǎngdù ér fēi shēndù shì yùcè shōurù shuǐpíng de zuì jiā yīnsù.

Guǎngbó de zhīshì dǎozhì gāo shōurù, gāo shōurù yòu dǎozhìle bóxué duō shì, liǎng zhě hù wéi yīnguǒ.

Hěn yíhàn, nǐ bùnéng xuǎnzé fùmǔ de fùyù chéngdù, yě xuǎn zhái bu le yǔ shēng jù lái de xīnzhì nénglì.

Dàn wǒmen suǒyǒu rén, dōu kěyǐ fùchū nǔlì qù xuéxí.

——[Měi]William Poundstone

二. 무슨 책을 읽을까?

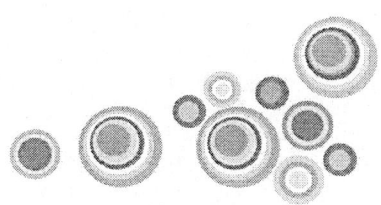

 梦想中国语　名人名言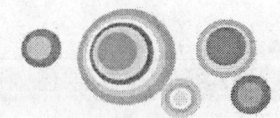

二。读什么书?

Èr, dú shénme shū?

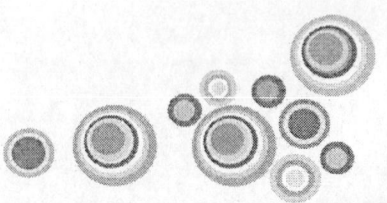

37. 책은 사람처럼 복잡하다.

독서는 이 세상이 얼마나 복잡한지 더 너그럽게 이해할 수 있도록 하기 위해서다.

세상이 복잡한 것처럼 책이 복잡하고, 사람이 많은 것처럼 책도 많다.

——Liángwéndào

책을 읽으면 무엇을 읽을까? 명인을 읽을까? 명언을 읽을까? 사실은 모두 다 아니다.

우리가 모든 책을 읽는 최종 목적은 자신을 읽는 것이다.

——Báiyánsōng

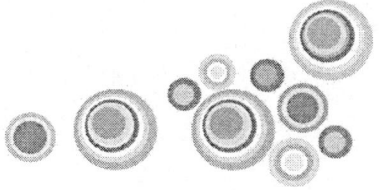

37. 书和人一样复杂

读书到了最后，是为了让我们更宽容地去理解这个世界有多复杂。

世界有多复杂，书就有多复杂，人有多少种，书就有多少种。

——梁文道

Dúshū dàole zuìhòu, shì wèile ràng wǒmen gèng kuānróng de qù lǐjiě zhège shìjiè yǒu duō fùzá.

Shìjiè yǒu duō fùzá, shū jiù yǒu duō fùzá, rén yǒu duōshǎo zhǒng, shū jiù yǒu duōshǎo zhǒng.

——Liángwéndào

我们读书是在读什么？读名人？读名言？其实都不是。

我们读所有的书，最终的目的都是读到自己。

——白岩松

Wǒmen dúshū shì zàidú shénme? Dú míngrén? Dú míngyán? Qíshí dōu búshì.

Wǒmen dú suǒyǒu de shū, zuìzhōng de mùdì dōu shì dú dào zìjǐ.

——Báiyánsōng

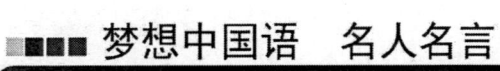 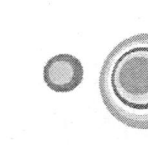

38. 도서 시장의 이상한 일

도서 시장에는 이상한 일이 하나가 있다. 다른 상품은 기본적으로 품질에 따라 가격을 결정하는데 책만 그렇지 않는다. 같은 두께의 책이라도 안에서 담은 것은 쓰레기든 금이든 가격은 비슷하다.

——Zhōuguópíng

하기 쉬운 일은 모두 작은 일이고 읽기 쉬운 책은 모두 간단하고 쉬운 책이다. 지름길로 가지 마라. 지름길은 모두 사악한 길로 통하는 가장 빠른 길이다.

——Féng tang

梦想中国语　名人名言

38. 图书市场上的怪事

图书市场上有一件怪事，别的商品基本上是按质论价，唯有图书不是。同样厚薄的书，不管里面装的是垃圾还是金子，价钱都差不多。

——周国平

Túshū shìchǎng shàng yǒuyí jiàn guàishì, bié de shāngpǐn jīběn shàng shì àn zhì lùn jià, wéi yǒu túshū búshì. Tóngyàng hòubáo de shū, bùguǎn lǐmiàn zhuāng de shì lèsè háishì jīnzi, jiàqián dōu chàbuduō.

——Zhōuguópíng

易做的事，都是小事；易读的书，都是简单清浅的书。不要走捷径，捷径都是通向邪路最快的路。

——冯唐

Yì zuò de shì, dōu shì xiǎoshì; yì dú de shū, dōu shì jiǎndān qīng qiǎn de shū. Búyào zǒu jiéjìng, jiéjìng dōu shì tōng xiàng xié lù zuì kuài de lù.——Féng táng

39. 모든 비밀은 작품에 있다

작가의 전기를 믿지 말고 자서전도 믿지 말라.

작가의 모든 비밀은 작품 속에 있다.

——Mòyán

한 사람의 서재를 보면 그 사람의 인생과 가치관에 대해 어느 정도 이해할 수 있다.

——Yasuhiro Watanabe

39. 所有的秘密在作品里

不要相信作家的传记，更不要相信作家的自传。

作家所有的秘密都在作品里。

——莫言

Búyào xiāngxìn zuòjiā de zhuànjì, gèng bùyào xiāngxìn zuòjiā de zìzhuàn.

Zuòjiā suǒyǒu de mìmì dōu zài zuòpǐn lǐ.

——Mòyán

通过一个人的书房，能对这个人的人生和价值观有一定的了解。

——渡边康弘

Tōngguò yígè rén de shūfáng, néng duì zhège rén de rénshēng hé jiàzhíguān yǒu yídìng de liǎojiě.

——Yasuhiro Watanabe

40. 책을 읽는 것은 인연에 달려 있다

독서는 "애인을 찾는 것"과 비슷하다. 마음이 맞아야 서로 잘 통할 수 있다.

——Línyǔtáng

입문한 독자에게 책을 고르는 것은 경험적인 일이다. 디자이너가 모델을 보고 한눈만으로 모델의 가슴둘레, 허리둘레와 히프를 다 알 수 있다는 것과 같다. 자신에게 잘 어울리는지 재미있을지를 책 한 페이지씩 넘겨보면 알 수 있다.

그러나 책과 독자는 인연이 있는 것 같다. 어떤 책이 끝까지 읽지 못지만 어떤 책이 한 눈만 읽으면 마치 옛 친구를 보는 듯한다.

——Wúxiǎobō

40. 读书看缘分

> 阅读好像"找情人",只有情投意合,才能心心相印。——林语堂
>
> Yuèdú hǎoxiàng "zhǎo qíngrén", zhǐyǒu qíngtóuyìhé, cáinéng xīnxīnxiāngyìn.——Línyǔtáng

> 对于入了门的读书人来说,选书是一个经验活,如服装设计师看模特,瞥一眼便知三围、气质,一本书是否适合自己、是否有料有趣,速翻几页便一目了然。
>
> 而书与人也有投缘之说,有些人的文字你死活读不进去,有些人的书你一读到就好像看到了老朋友。
>
> ——吴晓波
>
> Duìyú rùle mén de dúshūrén lái shuō, xuǎn shū shì yígè jīngyàn huó, rú fúzhuāng shèjì shī kàn mótè, piē yìyǎn biàn zhī sānwéi, qìzhí, yì běn shū shìfǒu shìhé zìjǐ, shìfǒu yǒuliào yǒuqù, sù fān jǐ yè biàn yímùliǎorán.
>
> Ér shū yǔ rén yěyǒu tóuyuán zhī shuō, yǒuxiē rén de wénzì nǐ sǐhuó dú bù jìnqù, yǒuxiē rén de shū nǐ yì dú dào jiù hǎoxiàng kàn dàole lǎo péngyǒu.
>
> ——Wúxiǎobō

梦想中国语 名人名言

41. 독서에서 가장 중요한 것은 취미이다.

독서는 생존과 상관없어 흥미와 책임에서 시작된다.

——Aristotle

금방 취미를 날려버릴 책을 읽지 마라. 몇 페이지를 읽어도 흥미가 없으면 빨리 포기하라. 더 이상 읽으면 독서의 흥미를 잃게 될 것이다.

——Lǐshànglóng

"책읽기를 좋아했으나 지나치게 깊은 해석은 구하지 않았다"는 옛말이 있었다. 이 말은 사실 일리가 좀 있다.

먼저 이 책을 대략적으로 보고 만약 내용을 전혀 알지 못하고 무슨 뜻인지 모른다면 이 책을 포기하라. 이 책의 지식은 이제 너에게 속하지 않고 인연이 없기 때문이다. 만약 대부분 내용을 이해할 수 있다면 계속해서 읽어보라.

——Fán dēng

梦想中国语 名人名言

41. 读书最重要的是兴趣

> 读书应该来自兴趣和责任，而与生存无关。——亚里士多德
>
> Dúshū yīnggāi láizì xìngqù hé zérèn, ér yǔ shēngcún wúguān.——Aristotle

> 不要看会立刻消磨掉你兴趣的书，如果看了几页还是没兴趣，就赶紧放下来。再坚持下去，会丧失阅读的兴趣。
>
> ——李尚龙
>
> Búyào kàn huì líkè xiāomó diào nǐ xìngqù de shū, rúguǒ kànle jǐ yè háishì méi xìngqù, jiù gǎnjǐn fàng xiàlái. Zài jiānchí xiàqù, huì sàngshī yuèdú de xìngqù.
>
> ——Lǐshànglóng

> 古人有一句话讲"好读书，不求甚解"。这话其实有点道理。
>
> 先把这本书大略看看，如果你完全不懂，完全不知道在说什么，那你就放下，这本书的知识暂时还不归你，跟你没缘分。如果大概能理解，你就先往下看。
>
> ——樊登
>
> Gǔrén yǒu yíjù huà jiǎng "hào dúshū, bùqiúshènjiě". Zhè huà qíshí yǒudiǎn dàolǐ.
>
> Xiān bǎ zhè běn shū dàlüè kàn kàn, rúguǒ nǐ wánquán bù dǒng, wánquán bù zhīdào zài shuō shénme, nà nǐ jiù fàngxià, zhè běn shū de zhīshì zhànshí hái bù guī nǐ, gēn nǐ méi yuánfèn. Rúguǒ dàgài néng lǐjiě, nǐ jiù xiān wǎng xià kàn.
>
> ——Fán dēng

42. 책을 읽는 과정에 가장 중요한 것은 즐거움이다.

수양을 쌓기 위해 책을 읽는가? 이는 심심한 명제이다.

수많은 지식을 아는 것은 그 사람이 대단하다는 것을 의미하지 않는다. 명품을 입는 사람들이 자신이 우아하고 고귀하다고 느끼는 것과 같다. 지식 수집에 취한 사람들은 항상 훌륭하다고 착각하기도 한다.

책을 반드시 읽어야 하는 것은 아니다. 그리하여 독서 생활은 즐거워야 한다. 책과 함께 사는 삶은 책 없는 것보다 더 행복한다. 나는 여러분들이 책을 읽는 과정을 즐기셨으면 좋겠다.

——Yìnnán dūnshì

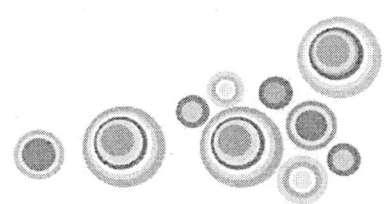

42. 读书最重要的是快乐!

"为提高修养而读书?"这是个无聊的命题!

拥有大量的知识,并不意味着这个人就非常了不起。这与全身穿着名牌的人觉得自己优雅高贵是同样的道理。醉心于收集知识的人,往往会误以为自己非常优秀。

书并非非读不可,因此阅读生活应该是快乐的。有书相伴的生活,比起没有,要更加快乐。我更希望,各位能够享受多读书的过程。

——印南敦史

"Wèi tígāo xiūyǎng ér dúshū?" Zhè shìge wúliáo de mìngtí!

Yǒngyǒu dàliàng de zhīshì, bìng bú yìwèizhe zhège rén jiù fēicháng liǎobùqǐ. Zhè yǔ quánshēn chuānzhuó míngpái de rén juédé zìjǐ yōuyǎ gāoguì shì tóngyàng de dàolǐ. Zuìxīn yú shōují zhīshì de rén, wǎngwǎng huì wù yǐwéi zìjǐ fēicháng yōuxiù.

Shū bìngfēi fēi dú bùkě, yīncǐ yuèdú shēnghuó yīnggāi shì kuàilè de. Yǒu shū xiāngbàn de shēnghuó, bǐ qǐ méiyǒu, yào gèngjiā kuàilè. Wǒ gèng xīwàng, gèwèi nénggòu xiǎngshòu duō dúshū de guòchéng.

——Yìnnán dūnshǐ

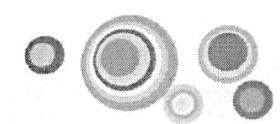

43. 독서는 금지 구역이 없다.

독서는 금지 구역이 없고 사고는 독립적이어야 하며 박람이 가장 필요한 것이며 정독은 큰 도움이 된다.

——Ji yǔ

학문을 하는 방법은 두 가지 있다. 하나는 여우가 굴을 뚫는 것처럼 접촉면을 넓게 하는 것이고 또 하나는 천산갑을 뚫는 것처럼 굴을 깊이 뚫는 것이다.

——(Yīng) bólín

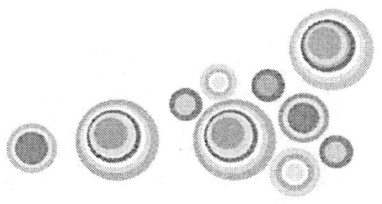

梦想中国语　名人名言

43. 读书无禁区

读书无禁区，思考要独立，博览最必要，精读大有益。——纪宇

Dúshū wú jìnqū, sīkǎo yào dúlì, bólǎn zuì bìyào, jīngdú dà yǒuyì. ——Jì yǔ

做学问有两种方法：一种是狐狸打洞式，接触面广；另一种是穿山甲打洞式，钻得深。

——（英）柏林

Zuò xuéwèn yǒu liǎng zhǒng fāngfǎ: Yì zhǒng shì húlí dǎ dòng shì, jiēchù miàn guǎng; lìng yì zhǒng shì chuānshānjiǎ dǎ dòng shì, zuān de shēn.

——(Yīng) bólín

44. 사람은 그가 읽는 책이다.

루드비히 포이어바흐는 "사람은 그가 먹는 것"이라고 했다. 적어도 정신적인 음식이라면 맞는 말이다. 한 사람의 읽는 책을 보면 대체로 그 사람의 정신 수준을 알 수 있다.

——Zhōuguópíng

맞은편에서 걸어오는 저 사람은 생물체만이 아니라 사실 생각의 용기다. 사람마다 자신의 세계관, 인생관, 가치관이 있고 세상에 대한 자신의 이해를 가지고 있다. 호광산색을 보면 시를 읊는 사람이 있고 사진을 찍어 SNS에 올리는 사람도 있다. 이러한 현상은 지식 시스템이 작용된 결과다.

——Wúbófán

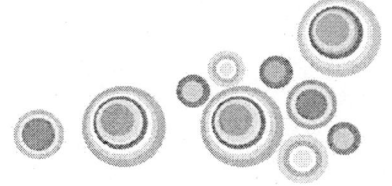

44. 人就是他所读的书

费尔巴哈说："人就是他所吃的东西。"至少就精神食物而言，这句话是对的。从一个人的读物大致可以判断他的精神品级。

——周国平

Fèiěrbāhā shuō:"Rén jiùshì tāsuǒ chī de dōngxī." Zhìshǎo jiù jīngshén shíwù ér yán, zhè jù huà shì duì de. Cóng yígè rén de dúwù dàzhì kěyǐ pànduàn tā de jīngshén pǐnjí.

——Zhōuguópíng

迎面走过来的那个人，其实不只是个生物体，那是个思维容器。每个人都有自己的"三观"，有自己对世界的理解。有的人看见湖光山色会朗诵诗歌，有的人看见了之后喜欢拍照发朋友圈。这都是知识体系作用的结果。

——吴伯凡

Yíngmiàn zǒu guòlái dì nàgèrén, qíshí bù zhǐshìgè shēngwù tǐ, nà shì gè sīwéi róngqì. Měi gè rén dōu yǒu zìjǐ de "sān guān", yǒu zìjǐ duì shìjiè de lǐjiě. Yǒu de rén kànjiàn húguāngshānsè huì lǎngsòng shīgē, yǒu de rén kàn jiàn liǎo zhīhòu xǐhuān pāizhào fā péngyǒu quān. Zhè dōu shì zhīshì tǐxì zuòyòng de jiéguǒ.

——Wúbófán

45. 가장 훌륭한 것만 배우면 된다

우리는 모든 지식을 배우고 이해할 필요가 없다. 각 과목의 가장 뛰어난 지식을 배우고 가장 중요한 요점을 파악하기만 하면 대부분의 문제를 해결할 수 있다.

——Chéng jiǎ

책을 읽는 책임은 이 분야의 전문가가 되는 것 아니다. 관련 문제를 알기만 하면 독서할 때에는 부담스럽지 않는다.

——[Měi]Mortimer J.Adler

梦想中国语　名人名言

45. 只学习最优秀的即可

我们不需要学习和了解所有的知识，我们只需学习各科最杰出的思想，去抓住最关键的要害，就可以解决绝大多数问题。

——成甲

Wǒmen bù xūyào xuéxí hé liǎojiě suǒyǒu de zhīshì, wǒmen zhǐ xū xuéxí gè kē zuì jiéchū de sīxiǎng, qù zhuā zhù zuì guānjiàn de yāo hài, jiù kěyǐ jiějué jué dà duōshù wèntí.

——Chéng jiǎ

只要你记住，你的责任不是成为这个主题的专家，而是要去了解相关的问题，在阅读时就会轻松许多。

——[美]莫提默·艾德勒

Zhǐyào nǐ jì zhù, nǐ de zérèn bùshì chéngwéi zhège zhǔtí de zhuānjiā, ér shì yào qù liǎojiě xiāngguān de wèntí, zài yuèdú shí jiù huì qīngsōng xǔduō.

——[Měi]Mortimer J.Adler

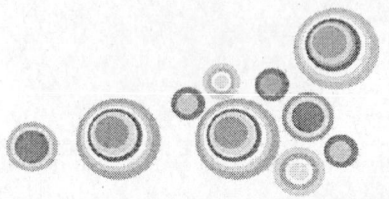

46. 책속에 30%는 쓸모 없는 것이다.

보통 좋은 책(고전 중의 고전)이라도 30% 정도는 반복되며 수다스럽고 무효화된 내용이 많다. 웬만한 책이라면 더욱 그렇다.

——Lǐ yuan

본디 관심이 없던 책에서 감동을 받는 것이 독서의 재미 중의 하나다.

——Yìnnán dūnshǐ

세상에는 해도 되고 안 해도 되는 일이 무척 많다. 영원히 할 만한 일을 해야 한다. 책을 읽는 것도 마찬가지다. 옳은 방법은 모든 책에서 가장 좋은 책부터 읽는 것이다.

——Zhōuguópíng

46. 一本书里30%是无用的

一般来说，即使是一本好书（经典中的经典），也会有30%左右的重复、啰嗦和无效的内容。一般的书籍就更是如此了。

——李源

Yībān lái shuō, jíshǐ shì yì běn hǎo shū (jīngdiǎn zhōng de jīngdiǎn), yě huì yǒu 30%zuǒyòu de chóngfù, luōsuo hé wúxiào de nèiróng. Yībān de shūjí jiù gèng shì rúcǐle.

——Lǐ yuán

从自己本来并不感兴趣的书中获得感动，才是阅读的妙趣之一。

——印南敦史

Cóng zìjǐ běnlái bìng bùgǎn xìngqù de shū zhōng huòdé gǎndòng, cái shì yuèdú de miàoqù zhī yī.

——Yìnnán dūnshǐ

世上可做可不做的事是做不完的，永远要去做那些最值得做的事。读书也是如此。正确的做法是，在所有的书中，从最好的书开始读起。

——周国平

Shìshàng kě zuò kě bú zuò de shì shì zuò bù wán de, yǒngyuǎn yào qù zuò nàxiē zuì zhídé zuò de shì. Dúshū yěshì rúcǐ. Zhèngquè de zuòfǎ shì, zài suǒyǒu de shū zhōng, cóng zuì hǎo de shū kāishǐ dú qǐ.

——Zhōuguópíng

47. 무슨 책이든지 다 읽어야 한다.

이성적인 사상자가 되려면 일반 학과 영역을 초월하는 뇌를 키워야 한다. 수학·생물학·물리학·사회학·심리학·철학·문학 등 각 학과 및 관련 과학자들의 중요한 성과를 읽고 책에 있는 핵심 개념을 숙지해 학문적 사고방식과 연결해 통달할 수 있도록 해야 한다.

——Charlie Munger

철학의 시각에 보면 세상을 이해하는 부적을 찾을 수 있다.

——Eichendorff

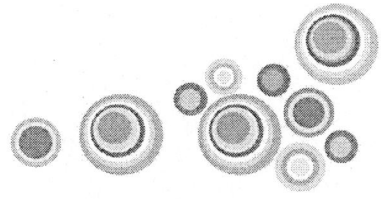

47. 什么书都要读

如果你想成为理性的思想者，必须培养出跨越常规学科疆域的头脑。而这需要大量阅读数学、生物学、物理学、社会学、心理学、哲学和文学等各学科及相关学科中著名科学家的重要著述，了解并熟悉书中介绍的核心概念，能够将不同学科的思维模式联系起来并融会贯通。

——查理·芒格

Rúguǒ nǐ xiǎng chéngwéi lǐxìng de sīxiǎng zhě, bìxū péiyǎng chū kuàyuè chángguī xuékē jiāngyù de tóunǎo. Ér zhè xūyào dàliàng yuèdú shùxué, shēngwù xué, wùlǐ xué, shèhuì xué, xīnlǐ xué, zhéxué hé wénxué děng gè xuékē jí xiāngguān xuékē zhōng zhùmíng kēxuéjiā de zhòngyào zhùshù, liǎojiě bìng shúxī shū zhōng jièshào de héxīn gàiniàn, nénggòu jiāng bùtóng xuékē de sīwéi móshì liánxì qǐlái bìng rónghuìguàntōng.

——Charlie Munger

站到哲学的高度，你就会找到解读世界之符咒。——艾兴多尔夫

Zhàn dào zhéxué de gāodù, nǐ jiù huì zhǎodào jiědú shìjiè zhī fúzhòu.——Eichendorff

48. 두뇌에서 정글을 만들어라

읽었던 책들 사이의 관계가 독자들에게 큰 영향을 끼친다. 책 10권, 책 20권, 책 30권, 책 50권, 책 100권... 책을 읽으면서 그 책들은 독자들의 머릿속에 네트워크를 구축하고 있다. 이런 관계는 자신도 모르게 독자의 개성을 형성한다.

대부분 사람들은 "책 한 권만으로 세계관을 만들고 싶지 않고 더욱 많은 세계관을 알려고 한다고 했다. 그리하여 더 많은 책을 읽어야 하고 뇌에서 도서관을 만들어야 한다. 머릿속에 책 500권, 1000권의 정보를 축적하고 네트워크를 형성하게 한다. 이런 느낌이다.

그리하여 정글처럼 많은 책을 읽는 것은 우리가 해야 할 일이다. 숲속에는 활엽수와 침엽수, 나무와 작은 나무, 나무보다 작은 양치류, 바닥에는 이끼 등 다양한 식물이 자라고 있다. 정글을 멀리 바라보면 숲의 전체 형태를 볼 수 있고 자세히 바라보면 다양한 생명의 공동체를 나타낸다. 독서에 있어서 정글처럼 다양한 종류의 책을 읽는 것이 중요하다고 생각한다.

 梦想中国语　名人名言

다채로운 숲 속에 식물이 자라고 있을 뿐만 아니라 다양한 곤충과 동물들이 살고 있다. 이들은 다양한 생존 방식에 대해 구가하며 생명을 이어가고 있다. 독서도 마찬가지다. 우리는 다양한 책과 만나고 머릿속에 들어간 지식과 수양이 네트워크를 형성해 우리의 정신을 숲처럼 부유하게 만든다..

——Takashi Saitô

48. 大脑中造一个丛林

读过的书，它们之间的关系会给读书的人以巨大影响。10本书、20本书、30本书、50本书、100本书……在读书的过程中，那些书逐渐在读书人的脑子里建立起一个关系网。而这种关系，在不知不觉中形成了读书人自身的个性。

大多数人会说"我不想用一本书来建立世界观，我要了解更多的世界观"。因此，我们需要读更多的书，需要建设一个脑中图书馆。在脑子里积累500本、1000本书的信息，让它们形成一个网络，就是这种感觉。

于是，我们需要做的是，阅读犹如丛林般浩瀚的书。丛林中共生着形形色色的植物，既有阔叶树也有针叶树，有大树也有小树，比树更小的还有蕨类植物，地面上还有青苔。从远方眺望丛林，我们看到的是一片丛林的整体形态，如果仔细观察的话，你会发现实际上它是拥有各种生命的集合体。对于读书，我也认为，读像丛林般种类繁多的书十分重要。

丰富多彩的丛林中，不仅生长着植物，还生活着种类繁多的昆虫和动物，它们的存在是对各种生存方式的讴歌，是在延续生命。读书也一样。我们与各种书相遇，注入脑海的知识和修养建起一个网络，让我们的精神变得如同丛林那么富有。

梦想中国语 名人名言

——斋藤孝

Dúguò de shū, tāmen zhī jiān de guānxì huì gěi dúshū de rén yǐ jùdà yǐngxiǎng. 10 Běn shū, 20 běn shū, 30 běn shū, 50 běn shū, 100 běn shū……zài dúshū de guòchéng zhōng, nàxiē shū zhújiàn zài dúshūrén de nǎozi lǐ jiànlì qǐ yígè guānxì wǎng. Ér zhè zhǒng guānxì, zài bùzhī bù jué zhōng xíngchéngle dúshūrén zìshēn de gèxìng.

Dà duōshù rén huì shuō "wǒ bùxiǎng yòng yì běn shū lái jiànlì shìjièguān, wǒ yào liǎojiě gèng duō de shìjièguān". Yīncǐ, wǒmen xūyào dú gèng duō de shū, xūyào jiànshè yígè nǎo zhōng túshū guǎn. Zài nǎozi lǐ jīlěi 500 běn, 1000 běn shū de xìnxī, ràng tāmen xíngchéng yígè wǎngluò, jiùshì zhè zhǒng gǎnjué.

Yúshì, wǒmen xūyào zuò de shì, yuèdú yóurú cónglín bān hàohàn de shū. Cónglín zhōnggòng shēngzhe xíngxíngsèsè de zhíwù, jì yǒu kuòyèshù yěyǒu zhēnyèshù, yǒu dà shù yěyǒu xiǎo shù, bǐ shù gèng xiǎo de hái yǒu jué lèi zhíwù, dìmiàn shàng hái yǒu qīngtái. Cóng yuǎnfāng tiàowàng cónglín, wǒmen kàn dào de shì yípiàn cónglín de zhěngtǐ xíngtài, rúguǒ zǐxì guānchá dehuà, nǐ huì fāxiàn shíjì shang tā shì yǒngyǒu gè zhǒng shēngmìng de jíhé tǐ. Duìyú dúshū, wǒ yě rènwéi, dú xiàng cónglín bān zhǒnglèi fánduō de shū shí fèn zhòngyào.

Fēngfù duōcǎi de cónglín zhōng, bùjǐn shēngzhǎngzhe zhíwù, hái shēnghuózhe zhǒnglèi fánduō de kūnchóng hé dòngwù, tāmen de cúnzài shì duì gè zhǒng shēngcún fāngshì de ōugē, shì zài yánxù shēngmìng. Dúshū yě yíyàng. Wǒmen yǔ gè zhǒng shū xiāngyù, zhùrù nǎohǎi de zhīshì hé xiūyǎng jiàn qǐ yígè wǎngluò, ràng wǒmen de jīngshén biàn dé rútóng cónglín nàme fùyǒu.

——Takashi Saitô

49. 뇌를 초월한 책을 읽어라

책을 읽는 것은 우선 자신보다 수준 높은 작품을 선택하고 그 작품을 우러러보고 올라가는 것이다. 인터넷의 글들은 대부분 평등하다. 자신의 성격과 일치하고 좋아하는 것을 선택하고 읽을 것이다. 인터넷의 같은 수준의 글로 인해 당신이 자신을 도전할 기회를 놓칠 까 봐 걱정이다.

——Báiyánsōng

훌륭한 고전을 읽지 않고 천박한 책만 읽는 것은 프로가 되는 것을 두려워하며 아마추어가 되는 것에 영원히 만족하는 것과 같다. 그것은 매우 안타까운 일이다.

——Takashi Saitô

49. 阅读超越你头脑的书

阅读图书，是首先筛选出高于你的作品，你要仰视它，然后去攀登。而来自互联网的阅读内容大多是平等的，你会选择与你脾气相投的，你喜欢的，跟你水平接近的。我担心来自互联网的这种同等水平的阅读，让你失去了自我挑战的机会。

——白岩松

Yuèdú túshū, shì shǒuxiān shāixuǎn chū gāo yú nǐ de zuòpǐn, nǐ yào yǎngshì tā, ránhòu qù pāndēng. Ér láizì hùliánwǎng de yuèdú nèiróng dàduō shì píngděng de, nǐ huì xuǎnzé yǔ nǐ píqì xiāngtóu de, nǐ xǐhuān de, gēn nǐ shuǐpíng jiējìn de. Wǒ dānxīn láizì hùliánwǎng de zhè zhǒng tóngděng shuǐpíng de yuèdú, ràng nǐ shīqùle zìwǒ tiǎozhàn de jīhuì.

——Báiyánsōng

避开古典佳作，一味阅读肤浅的书，就如同害怕成为职业选手，只能永远满足于当业余选手一样。这是非常令人惋惜的。——斋藤孝

Bì kāi gǔdiǎn jiāzuò, yíwèi yuèdú fūqiǎn de shū, jiù rútóng hàipà chéngwéi zhíyè xuǎnshǒu, zhǐ néng yǒngyuǎn mǎnzú yú dàng yèyú xuǎnshǒu yíyàng. Zhè shì fēicháng lìng rén wàn xī de.——Takashi Saitô

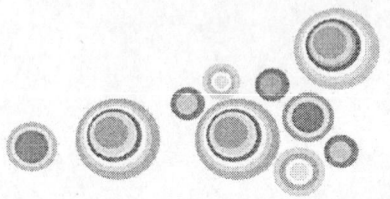

50. 대가의 책을 읽어라.

　　대가의 책을 읽는 것은 거인의 어깨 위에 올라타는 가장 편리한 방법이다. 고전이 될 수 있는 이유는 인간의 근본에 대한 관찰과 숙고가 응집돼서 영원할 가치를 가진 것이다.

——Zhōuguópíng

　　명작이란 무엇인가? 명작은 한순간이라도 삶의 일부 의미를 느끼게 하는 책이다. 명작이란 시간의 시련을 이겨낼 수 있는 책으로 세계적으로 무수한 독자들이 몇 년간 특별한 영감을 얻기 위해 읽은 책이다. 사람들은 거의 많은 책에서 즐거움을 얻을 수 있다는 것을 확신할 수 있지만 한 권의 명작이 읽히면 사람을 더 높은 경지로 끌어올린다.

——Qínlínghuá

50. 读大师的书

读大师的书是站在巨人肩膀上的最方便的方法。经典之为经典，就在于其中凝聚了对人类基本境况的观察和思考，因而具有永恒的价值。

——周国平

Dú dàshī de shū shì zhàn zài jùrén jiānbǎng shàng de zuì fāngbiàn de fāngfǎ. Jīngdiǎn zhī wèi jīngdiǎn, jiù zàiyú qízhōng níngjùle duì rénlèi jīběn jìngkuàng de guānchá hé sīkǎo, yīn'ér jùyǒu yǒnghéng de jiàzhí.

——Zhōuguópíng

什么是名著呢？名著就是这样的书——哪怕只是一瞬间，它都会使人从中感受到一部分生活的意义。名著是能够经受住时间考验的书，是世界上亿万读者多少年来为从中得到特别启迪而阅读的书。可以肯定，人们几乎能够从许多书中得到乐趣；但是，一部名著，一旦读进去了，它会把人带到更高的境界。

——秦灵华

Shénme shì míngzhù ne? Míngzhù jiùshì zhèyàng de shū——nǎpà zhǐshì yí shùnjiān, tā dūhuì shǐ rén cóngzhōng gǎnshòu dào yíbùfèn shēnghuó de yìyì. Míngzhù shì nénggòu jīngshòu zhù shíjiān kǎoyàn de shū, shì shìjiè shàng yì wàn dúzhě duō shào niánlái wèi cóngzhōng dédào tèbié qǐdí ér yuèdú de shū.

Kěyǐ kěndìng, rénmen jīhū nénggòu cóng xǔduō shū zhōng dédào lèqù; dànshì, yí bù míngzhù, yídàn dú jìnqùle, tā huì bǎ rén dài dào gèng gāo de jìngjiè.

——Qínlínghuá

51. 명작을 어떻게 읽을 까?

모든 명작은 반복해서 읽어야 한다. 몇 년 전에 읽고 좋아했다는 명작을 다시 읽으면 정말 같은 책인가 믿지 않을 정도이다. 명작은 사람들에게 알려 주고 싶은 것은 너무나 많다는 것을 알게 될 것이다.

발끝만 명작이라는 깊은 못에 담그지 말고 뛰어들어라. 우리는 역사상 태어난 소질이 있는 작가들의 사상과 통찰력이 영혼이 고무되어 있다고 느낄 것이다.

———— Qínlínghuá

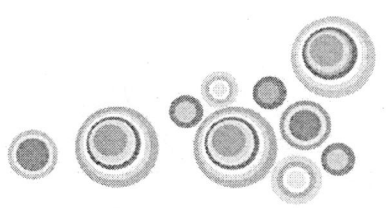

梦想中国语　名人名言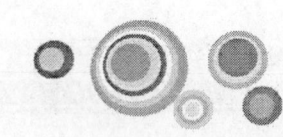

51. 怎么读名著?

所有名著都需要反复读。如果几年前读过一部名著并且喜欢它，就再读一遍。你会发现书里还有那么多的东西要告诉人们，使人简直不会相信这是同一本书。

不要只把脚尖浸在名著这潭深水中，要跳进去。我们会觉得自己的灵魂深处被那些历史上最有天赋的作家的思想和洞察力鼓舞着。

——秦灵华

Suǒyǒu míngzhù dōu xūyào fǎnfù dú. Rúguǒ jǐ nián qián dúguò yí bù míngzhù bìngqiě xǐhuān tā, jiù zài dú yíbiàn. Nǐ huì fāxiàn shū lǐ hái yǒu nàme duō de dōngxī yào gàosù rénmen, shǐ rén jiǎnzhí bù huì xiāngxìn zhè shì tóngyì běn shū.

Búyào zhǐ bǎ jiǎojiān jìn zài míngzhù zhè tán shēnshuǐ zhōng, yào tiào jìnqù. Wǒmen huì juédé zìjǐ de línghún shēn chù bèi nàxiē lìshǐ shàng zuì yǒu tiānfù de zuòjiā de sīxiǎng hé dòngchá lì gǔwǔzhe.

——Qínlínghuá

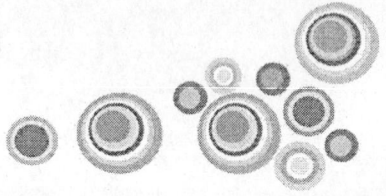

52. 세 가지 교육, 세 가지 책

사람의 정신적 속성은 상대적으로 지적, 도덕, 감정으로 나눌 수 있는데 이에 대응하는 자질 교육은 지육, 덕육, 미육으로 나눌 수 있다. 좋은 책을 읽는 것은 이 세 가지 정신적 소질을 향상시키고 이 세 가지 교육을 할 수 있는 가장 좋은 방법이다.

첫째는 철학, 교육학, 심리학 등의 이론 저작이다. 이런 책들을 읽는 목적은 사상과 존엄성을 기르고 진리를 추구하는 용기와 독자적 사고력을 갖추기 위함이다.

둘째는 위인과 훌륭한 인물의 전기이다. 이런 책을 읽는 목적은 사랑과 양심, 사회적 책임감을 기르고 도덕적이고 신앙 있는 사람이 되기 위함이다.

셋째는 문학작품이다. 시정과 감정을 키워 풍부한 감수성과 상상력을 갖추기 위해 책을 읽는다.

——Zhōuguópíng

52. 三种教育，三种书籍

人的精神属性可以相对地分为智力、道德、情感，与此相应，素质教育可分为智育、德育、美育，而阅读好书则是提升这三种精神素质、进行这三种教育的最佳途径。

第一类是哲学、教育学、心理学等理论著作，阅读这类书籍的目的是培育思想尊严，拥有追求真理的勇气和独立思考的能力。

第二类是伟人和优秀人物的传记，阅读这类书籍的目的是培育爱心、良心、社会责任心，做一个有道德、有信仰的人。

第三类是文学作品，阅读这类书籍的目的是培育诗意和创造情怀，拥有丰富的感受力和想象力。——周国平

Rén de jīngshén shǔxìng kěyǐ xiāngduì de fēn wéi zhìlì, dàodé, qínggǎn, yǔ cǐ xiāngyìng, sùzhì jiàoyù kě fēn wéi zhìyù, déyù, měiyù, ér yuèdú hǎo shū zé shì tíshēng zhè sān zhǒng jīngshén sùzhì, jìnxíng zhè sān zhǒng jiàoyù de zuì jiā tújìng.

Dì yī lèi shì zhéxué, jiàoyù xué, xīnlǐ xué děng lǐlùn zhùzuò, yuèdú zhè lèi shūjí de mùdì shì péiyù sīxiǎng zūnyán, yǒngyǒu zhuīqiú zhēnlǐ de yǒngqì hé dúlì sīkǎo de nénglì.

Dì èr lèi shì wěirén hé yōuxiù rénwù de zhuànjì, yuèdú zhè lèi shūjí de mùdì shì péiyù àixīn, liángxīn, shèhuì zérèn xīn, zuò yígè yǒu dàodé, yǒu xìnyǎng de rén.

Dì sān lèi shì wénxué zuòpǐn, yuèdú zhè lèi shūjí de mùdì shì péiyù shīyì hé chuàngzào qínghuái, yǒngyǒu fēngfù de gǎnshòu lì hé xiǎngxiàng lì.——Zhōuguópíng

53. 독서의 세 가지 경지

철학에는 인생의 세 가지 경지라는 개념이 있다. 첫째는 사회 초년생으로서 주저하며 자신이 못하는 것이 없다고 생각하지만 사실 무식한 용감이다. 둘째는 경험을 통해 자신의 장점을 점차 찾아내고 자신이 할 수 있는 것을 잘 알게 된다. 셋째는 오랜 기간 동안 갈고 닦은 후에 천천히 자신의 단점을 발견하고 자신이 할 수 없다는 것을 알게 된다. 이야말로 자치지명이라는 가장 귀한 품성을 갖추게 되는 것이다.

사실, 나는 독서에도 세 가지 경지가 있다고 생각한다: 첫째, 환경에 의해 어쩔 수 없이 읽히는 책이다. 예컨대 진학과 시험을 위해 교과서와 참고서를 읽어야 했다.

둘째는 지식을 희구해서 쓸 줄 모르는 책을 많이 읽는다. 우리가 사회에 들어간 후 자신의 능력을 향상하기 위해 남의 추천과 영향을 받아 선택 없이 책을 많이 읽는다. 대부분 사람들이 이 단계에 처하고 있다.

셋째, 이 단계에 처한 너는 책의 양보다 질을 추구한다. 책을 읽을 때마다 이 책을 생활에 적용할 수 있고 지식을 능력으로 전환하거나 자신의 세계관, 인생관, 가치관을 공고히 하는 데 사용할 수 있다. 나아가 자신의 삶을 지도하고 더 나은 선택을 할 수 있다. 이런 경지는 극소수의 사람만이 할 수 있다.

——Lǐ yuan

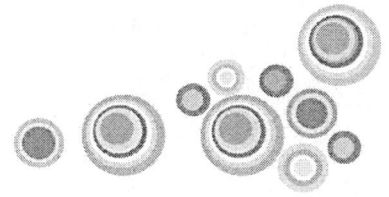

53. 读书的三重境界

哲学上有一个概念，叫人生的三重境界。第一重是一个人刚踏入社会，踌躇满志，觉得自己无所不能，其实是无知者无畏；第二重，通过历练和积累，慢慢找到了自己的优势，知道自己能做什么；第三重，经过长时间的磨砺，慢慢才发现自己的短处，知道自己不能做什么。这才算有了最宝贵的品质：自知之明。

其实，我觉得读书也有三重境界：第一重，是被环境所迫，读那些不得不读的书。比如，为了升学和考试，我们不得不读一些教材和教辅书。

第二重，是因为渴求知识，读了大量不知道如何"应用"的书。当我们进入社会后，出于自我提升的需求，往往会在他人的推荐和影响下，来者不拒，不加选择地读了很多书。大部分人目前处于这个阶段。

第三重，这个阶段的你，读书不求数量，而是追求质量，每读完一本书，都能把这本书应用于生活，将知识转换为能力，或者用于巩固自己的三观，进而指导自己的人生，做出更好的选择。这种境界只有极少数人能够达到。——李源

Zhéxué shàng yǒu yīgè gàiniàn, jiào rénshēng de sānchóng jìngjiè. Dì yī zhòng shì yígè rén gāng tà rù shèhuì, chóuchúmǎnzhì, juédé zìjǐ wú suǒ bùnéng, qíshí shì wú zhī zhě wúwèi; dì èr chóng, tōngguò lìliàn hé jīlěi, màn man zhǎodàole zìjǐ de yōushì, zhīdào zìjǐ néng zuò shénme; dì sānchóng, jīngguò cháng shíjiān de mólì, màn man cái fāxiàn zìjǐ de duǎnchu, zhīdào zìjǐ bùnéng zuò shénme. Zhè cái suàn yǒule zuì bǎoguì de pǐnzhí: Zìzhīzhīmíng.

Qíshí, wǒ juédé dúshū yěyǒu sān chóng jìngjiè: Dì yī zhòng, shì bèi huánjìng suǒ pò, dú nàxiē bùdé bù dú de shū. Bǐrú, wèile shēngxué hé kǎoshì, wǒmen bùdé bù dú yìxiē jiàocái hé jiào fǔ shū.

Dì èr chóng, shì yīnwèi kěqiú zhīshì, dúle dàliàng bù zhīdào rúhé "yìngyòng" de shū. Dāng wǒmen jìnrù shèhuì hòu, chū yú zìwǒ tíshēng de xūqiú, wǎngwǎng huì zài tārén de tuījiàn hé yǐngxiǎng xià, lái zhě bú jù, bù jiā xuǎnzé de dúle hěnduō shū. Dà bùfēn rén mùqián chǔyú zhège jiēduàn.

Dì sān chóng, zhège jiēduàn de nǐ, dúshū bù qiú shùliàng, ér shì zhuīqiú zhìliàng, měi dú wán yì běn shū, dōu néng bǎ zhè běn shū yìngyòng yú shēnghuó, jiāng zhīshì zhuǎnhuàn wéi nénglì, huòzhě yòng yú gǒnggù zìjǐ de sān guān, jìn'ér zhǐdǎo zìjǐ de rénshēng, zuò chū gèng hǎo de xuǎnzé. Zhè zhǒng jìngjiè zhǐyǒu jí shǎoshù rén nénggòu dádào.——Lǐ yuán

54. 독서의 두 단계.

독서는 역시 두 가지 읽기 방법으로 나눌 수 있다. 하나는 이미 이해한 글을 읽는 것이고 다른 하나는 내용을 모르는 글을 읽는 것이다. 같은 독서이지만 이 두 가지 독서는 전혀 다른 경지라고 할 수 있다.

우리가 일반적으로 이해하고 사용하는 읽기 방법은 기껏해야 자신의 생활과 접근한 지식만을 얻을 수 있는 낮은 수준의 방법이다. 전혀 모르는 것에 대한 글이야말로 정말 배울 만한 가치 있는 지식이다.

——[Ri]Shigehiko Toyama

아이들만 속도 경쟁을 좋아하지. 성인은 수익 경쟁만 한다.

——Qiū yè

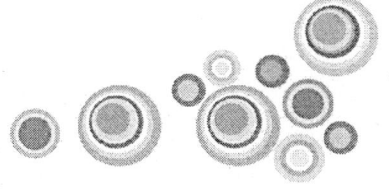

梦想中国语 名人名言

54. 读书的两个层次

阅读也可以分成两种阅读方式。其中一种是阅读已经理解内容的文章，另一种则是阅读不了解内容的文章。同样是阅读，但这两种阅读可以说是完全不同的境界。

我们一般理解和采用的阅读方式，是低层次的，最多只能得到与自己生活相近的知识。有关自己完全未知事物的文章，才是真正值得学习的有价值的知识。

——[日]外山滋比古

Yuèdú yě kěyǐ fēnchéng liǎng zhǒng yuèdú fāngshì. Qízhōng yì zhǒng shì yuèdú yǐjīng lǐjiě nèiróng de wénzhāng, lìng yì zhǒng zé shì yuèdú bù liǎojiě nèiróng de wénzhāng. Tóngyàng shì yuèdú, dàn zhè liǎng zhǒng yuèdú kěyǐ shuō shì wánquán bùtóng de jìngjiè.

Wǒmen yìbān lǐjiě hé cǎiyòng de yuèdú fāngshì, shì dī céngcì de, zuìduō zhǐ néng dédào yǔ zìjǐ shēnghuó xiāngjìn de zhīshì. Yǒuguān zìjǐ wánquán wèizhīshìwù de wénzhāng, cái shì zhēnzhèng zhídé xuéxí de yǒu jiàzhí de zhī shì.

——[Rì]Shigehiko Toyama

小孩子才比快慢，成年人只比收益。——秋叶

Xiǎo háizi cái bǐ kuàimàn, chéngnián rén zhǐ bǐ shōuyì.——Qiū yè

55. 차원 축소 공격

문제가 복잡한 이유는 우리가 문제에 처해 있기 때문이다. 이때 우리는 보다 높은 차원에서 문제를 내려다보는 방법을 시도할 수 있다. 항상 복잡한 것이 간단하게 전환될 수 있다. 이것이 바로 복잡한 문제를 해결하는 첫 번째 방법인 차원 축소 공격이다.

차원 축소 공격을 이해하려면 우선 인지가 차원적인 것이라는 개념을 만들어야 한다. 차원이 높은 인지도 있고 차원이 낮은 인지도 있다. 인식의 다른 차원은 후에 판단하는 질을 결정한다.

우리가 인지 차원을 높이고 남보다 더욱 높은 곳에서 문제를 바라본다면 흔히 말하는 "높은 차원이 낮은 차원을 때린다"는 것이다.

고차원의 인지는 인과사슬의 시작점에서 가까운 경향이 있는 반면, 저차원의 인지는 현상결과에 가까운 경우가 많다. 우리는 현상에 현혹되곤 하기에 "보살은 원인을 두려워하고 중생은 결과를 두려워한다는 말이 있다.

梦想中国语　名人名言

　　물리학, 수학, 화학과 같은 기초학과의 이론적 해석은 일반적으로 경영학, 경제학 등 소프트 학과의 이론보다 문제의 출발점에 더 가깝다. 이 기초학문은 모두 인류 지식 네트워크의 핵심 영역에 위치하고 있다. 이 학문들 간에 해결되는 문제들은 더 추상적이지만 본질에 더 가깝기 때문에 밑바닥에서 논리적으로 서로 관련되고 서로 연결되기도 한다. 그래서 이런 기초학문들이 문제를 해결하는 기본 사상과 방법은 학과와 분야를 초월하여 이와 상관없는 문제를 해결하고 관련 분야로 쉽게 이전할 수 있다.

——Chéng jiǎ

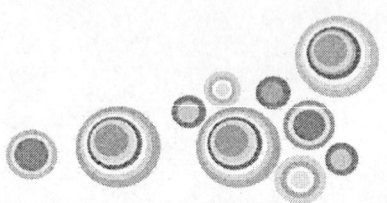

55. 降维攻击

有时候，问题复杂往往是因为我们身处其中。这时，我们可以尝试从更高维度俯视问题，往往能够化繁为简，这就是解决复杂问题的第一个思路：降维攻击。

要理解降维攻击，我们先要建立一个概念，那就是认知是有分层的。有的认知层次比较高，有的比较低。这种认知的不同分层，就决定了之后判断的质量。

如果我们能拉升认知维度、比别人从更高层看问题，就是我们通常说的"高维打低维"。

高维的认知往往距离因果链的起点近，而低维的认知往往距离现象结果近。我们常常会被现象迷惑，所以才说：菩萨畏因，众生畏果。

如物理、数学、化学等基础学科的理论解释一般就比管理学、经济学等软学科的理论更靠近问题的起点。这些更底层、更基础的学科，都位于人类知识网络的核心区域，虽然这些学科之间解决的问题更抽象，但也更接近本质，因此也从底层逻辑上彼此相关，互相连通。所以，这些底层学科解决问题的基本思想和方法，往往可以跨学科、跨领域地解决表面毫不相关的问题，能够很容易地迁移到相关领域。

——成甲

梦想中国语 名人名言

Yǒu shíhòu, wèntí fùzá wǎngwǎng shì yīnwèi wǒmen shēn chǔ qízhōng. Zhè shí, wǒmen kěyǐ chángshì cóng gèng gāo wéidù fǔshì wèntí, wǎngwǎng nénggòu huà fán wèi jiǎn, zhè jiùshì jiějué fùzá wèntí de dì yīgè sīlù: Jiàng wéi gōngjí.

Yào lǐjiě jiàng wéi gōngjí, wǒmen xiān yào jiànlì yí gè gàiniàn, nà jiùshì rèn zhīshì yǒu fēn céng de. Yǒu de rèn zhī céngcì bǐjiào gāo, yǒu de bǐjiào dī. Zhè zhǒng rèn zhī de bùtóng fēn céng, jiù jué dìng liǎo zhīhòu pànduàn de zhìliàng.

Rúguǒ wǒmen néng lā shēng rèn zhī wéidù, bǐ biérén cóng gèng gāocéng kàn wèntí, jiùshì wǒmen tōngcháng shuō de "gāo wéi dǎ dī wéi".

Gāo wéi de rèn zhī wǎngwǎng jùlí yīnguǒ liàn de qǐdiǎn jìn, ér dī wéi de rèn zhī wǎngwǎng jùlí xiànxiàng jiéguǒ jìn. Wǒmen chángcháng huì bèi xiànxiàng míhuò, suǒyǐ cái shuō: Púsà wèi yīn, zhòngshēng wèi guǒ.

Rú wùlǐ, shùxué, huàxué děng jīchǔ xuékē de lǐlùn jiěshì yībān jiù bǐ guǎnlǐ xué, jīngjì xué děng ruǎn xuékē de lǐlùn gèng kàojìn wèntí de qǐdiǎn. Zhèxiē gèng dǐcéng, gèng jīchǔ de xuékē, dōu wèiyú rénlèi zhī shì wǎngluò de héxīn qūyù, suīrán zhèxiē xuékē zhī jiān jiějué de wèntí gèng chōuxiàng, dàn yě gèng jiējìn běnzhí, yīncǐ yě cóng dǐcéng luójí shàng bǐcǐ xiāngguān, hùxiāng liántōng. Suǒyǐ, zhèxiē dǐcéng xuékē jiějué wèntí de jīběn sīxiǎng hé fāngfǎ, wǎngwǎng kěyǐ kuà xuékē, kuà lǐngyù de jiějué biǎomiàn háo bù xiāngguān de wèntí, nénggòu hěn róngyì de qiānyí dào xiāngguān lǐngyù.

——Chéng jiǎ

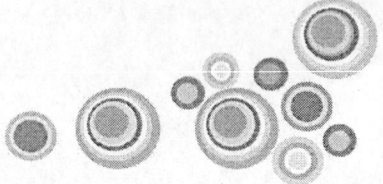

56. 독서는 언제 하면 좋을까?

글을 쓰는 것뿐만 아니라 독서도 같다. 느낌이 있어야 책을 읽을 수 있다고 생각하는 사람이 있다. 예를 들어 조용한 환경이 필요하고 햇빛이 밝은 오후이면 가장 좋다. 커피숍의 창가에 앉아 햇빛은 창을 통해 따뜻하게 비추고 커튼은 레이스로 장식되어 있는 것이 가장 좋다. 또한 창턱 위에 녹색 식물을 놓으며 가지를 늘어뜨린다. 이러한 환경에서 책을 펴는 것이 좋다. 이는 책 읽기가 아니라 분명히 억지부리는 것이다. 독서 환경은 금상첨화의 일이지만 절대 필요하지 않은 것이다. 이런 환경이 있는 것은 당연히 좋고 없어도 강요할 필요도 없다.

버스에서 휴대폰으로 책을 읽으면 안 될까? 텔레비전을 기다릴 때 책을 읽으면 안 될까? 책을 읽고 싶으면 언제 어디서나 읽을 수 있다. 읽다 보면 독서 충동을 느끼고 책을 읽게 되는 것이 아니라 좋은 독서 체험을 할 수 있다.

——Zuómó xiānshēng

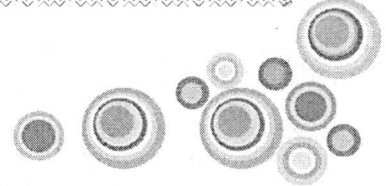

56. 何时适合读书？

不仅写作，读书也是一个道理。有人觉得有感觉了才能读书，比如需要一个安静的环境，最好是一个阳光明媚的下午，坐在咖啡店的窗子边，阳光透过窗子，暖暖地照在身上，最好窗帘是花边的，窗台上再摆一盆绿色的植物，枝叶倒垂下来，然后自己翻开一本书。你这哪里是读书，你这分明是在矫情。这环境是锦上添花的事情，却绝不是必需。有这样的环境当然是好，没有也不必强求。

难道挤公交车用手机读书不可以？难道等电梯的时候读书不可以？真想读书，随时随地都可以发生。读着读着就有了美好的阅读体验，而不是有了阅读的冲动再去读书。

——琢磨先生

Bùjǐn xiězuò, dúshū yěshì yígè dàolǐ. Yǒurén juédé yǒu gǎnjuéle cáinéng dúshū, bǐrú xūyào yígè ānjìng de huánjìng, zuì hǎo shì yígè yángguāng míngmèi de xiàwǔ, zuò zài kāfēi diàn de chuāngzi biān, yángguāng tòuguò chuāngzi, nuǎn nuǎnde zhào zài shēnshang, zuì hǎo chuānglián shì huābiān de, chuāngtái shàng zài bǎi yì pén lǜsè de zhíwù, zhīyè dào chuí xiàlái, ránhòu zìjǐ fān kāi yì běn shū. Nǐ zhè nǎlǐ shì dúshū, nǐ zhè fēnmíng shì zài jiǎoqíng. Zhè huánjìng shì jǐnshàngtiānhuā de shìqíng, què jué búshì bìxū. Yǒu zhèyàng de huánjìng dāngrán shì hǎo, méiyǒu yě búbì qiǎngqiú.

Nándào jǐ gōngjiāo chē yòng shǒujī dúshū bù kěyǐ? Nándào děng diàntī de shíhòu dúshū bù kěyǐ? Zhēn xiǎng dúshū, suíshí suídì dōu kěyǐ fāshēng. Dúzhe dúzhe jiù yǒule měihǎo de yuèdú tǐyàn, ér búshì yǒule yuèdú de chōngdòng zài qù dúshū.

——Zuómó xiānshēng

梦想中国语　名人名言

57. 언어는 무한한 가능성이 있다.

언어에는 무한한 가능성이 있다. 문자를 쓰는 사람마다 새로운 발명을 할 수 있다. 수천수만의 글자가 앞에 놓여있다. 어느 날 모든 사람의 마음 속에 하나 하나 없는 글자를 쓸 때, 모든 글자가 새로운 것은 아니지만, 완전히 새로운 조합이 되어 다시 언어를 발명한다.

——Báiyánsōng

가진 지식이 많을수록 새로운 지식을 이해하기 더 쉽다. 가진 지식이 적을수록 새로운 지식을 듣거나 읽는 것도 더 어렵다.

——[Ri]Shigehiko Toyama

57. 语言有无限可能

语言有无限可能，每一个玩文字的人都可能有一个新的发明。成千上万的字摆放在你面前，哪天当你写出人人心中有、个个笔下无的文字时，每一个字都不是新的，但它们完成了一种全新的组合，你就又一次发明了语言。

——白岩松

Yǔyán yǒu wúxiàn kěnéng, měi yígè wán wénzì de rén dōu kěnéng yǒu yígè xīn de fā míng. Chéng qiān shàng wàn de zì bǎi fàng zài nǐ miànqián, nǎ tiān dāng nǐ xiě chū rén rén xīnzhōng yǒu, gè gè bǐxià wú dì wénzì shí, měi yígè zì dōu bùshì xīn de, dàn tāmen wánchéngle yī zhǒng quánxīn de zǔhé, nǐ jiù yòu yícì fāmíng le yǔyán.

——Báiyánsōng

拥有的知识越多，人理解新知识就越容易。拥有的知识越少，听取或阅读新知识也越困难。

——[日]外山滋比古

Yǒngyǒu de zhīshì yuè duō, rén lǐjiě xīn zhīshì jiù yuè róngyì. Yǒngyǒu de zhīshì yuè shǎo, tīngqǔ huò yuèdú xīn zhīshì yě yuè kùnnán.——[Rì]Shigehiko Toyama

58. 전자책은 매우 겸손한 존재이다.

e북은 겸손한 존재이다. e북이 만 권 있어도 사용자가 사용하지 않으면 충실한 하인처럼 나타나지 않는다.

이에 비해 종이책은 아무리 아첨하는 말로도 겸손하다고 할 수 없다. 두툼한 몸집으로 방을 협소하게 되는 존재감을 드러냈다. 읽지 않은 책이라면 심지어 "빨리 읽어줘" 라는 압박감을 준다.

e북은 앞으로 더 완벽하게 발전하고 다양한 고급 기능을 갖게 될지 모르지만 종이책처럼 인간과 친해지기는 쉽지 않다.

——Takashi Saitô

58. 电子书是极其谦虚的存在

电子书是极谦虚的存在。就算有一万本电子书，使用者若不调用，它们就不会现身，像忠实的仆人一样。

与此相对，真实存在的书，即使用恭维的话来讲，也称不上谦虚。其厚重的躯体，展现出使房间变局促的存在感。若是还没读过的书，甚至会给人以"快读我！"的压力。

电子书今后或许会进化得更完善，拥有各种各样的高级功能，但很难像一本本实体书一样，与人形成如此亲近的关系。

——斋藤孝

Diànzǐ shū shì jí qiānxū de cúnzài. Jiùsuàn yǒu yí wàn běn diànzǐ shū, shǐyòng zhě ruò bú diàoyòng, tāmen jiù bú huì xiàn shēn, xiàng zhōngshí de púrén yíyàng.

Yǔ cǐ xiāngduì, zhēnshí cúnzài de shū, jí shǐyòng gōngwéi dehuà lái jiǎng, yě chēng bú shàng qiānxū. Qí hòuzhòng de qūtǐ, zhǎnxiàn chū shǐ fángjiān biàn júcù de cúnzài gǎn. Ruòshì hái méi dúguò de shū, shènzhì huì jǐ rén yǐ "kuài dú wǒ!" De yālì.

Diànzǐ shū jīnhòu huòxǔ huì jìnhuà dé gèng wánshàn, yǒngyǒu gè zhǒng gè yàng de gāojí gōngnéng, dàn hěn nán xiàng yì běnběn shítǐ shū yíyàng, yǔ rén xíngchéng rúcǐ qīnjìn de guānxì.

——Takashi Saitô

59. 새로운 시대에는 어떻게 공부해야 할까?

　　과거의 공부는 지식, 과학, 기술, 문화의 공부에 치중하고 이념의 습득과 이해에 편중한다. 즉 뇌의 공부 활동에 편중하는 공부이다.

　　지식 경제 시대로 접어들어 공부는 지식의 응용에 편중하고 사람의 전반적인 자질 향상과 연습에 치중한다. 또한 손의 활동과 능력의 배양에 편중한다.

　　어떤 능력이든지 끊임없이 연습해야 점차적으로 향상될 수 있다. 그리하여 공부의 포인트는 연습이고 연습은 공부하는 것보다 더 중요하다.

——Fán yǔ

　　인간의 눈이 글자를 받아 뇌에 전달하는 데 걸리는 시간은 0시 몇 초에 달할 수 있다. 즉 1초에 수십 개에서 백 개까지 글자를 받아들이고 이해할 수 있다.

——Shíwěihuá

59. 新时代如何学习？

过去的学习，偏重学知识，学科学，学技术，学文化，偏重于理念的获得与理解，即偏重于脑力的活动，重点在学；

进入知识经济时代，学习则偏重于知识的运用，偏重于人的全面素质的提高，偏重于演练，偏重于手的活动，偏重于能力的培养。

因为任何能力的培养，都需要不断练习，才能逐步提高，重点在习，习比学更重要。

——凡禹

Guòqù de xuéxí, piānzhòng xué zhīshì, xué kēxué, xué jìshù, xué wénhuà, piānzhòng yú lǐniàn de huòdé yǔ lǐjiě, jí piānzhòng yú nǎolì de huódòng, zhòngdiǎn zàixué;

jìnrù zhīshì jīngjì shídài, xuéxí zé piānzhòng yú zhīshì de yùnyòng, piānzhòng yú rén de quánmiàn sùzhì de tígāo, piānzhòng yú yǎnliàn, piānzhòng yú shǒu de huódòng, piānzhòng yú nénglì de péiyǎng.

Yīnwèi rènhé nénglì de péiyǎng, dōu xūyào búduàn liànxí, cáinéng zhúbù tígāo, zhòngdiǎn zài xí, xí bǐ xué gèng zhòngyào.——Fán yǔ

人类的眼睛能够接受字符并传达给大脑所用的时间可以达到零点零几秒，也就是说一秒可以接受并理解几十个甚至上百个字符。

——石伟华

Rénlèi de yǎnjīng nénggòu jiēshòu zìfú bìng chuándá gěi dànǎo suǒyòng de shíjiān kěyǐ dádào líng diǎn líng jǐ miǎo, yě jiùshì shuō yì miǎo kěyǐ jiēshòu bìng lǐjiě jǐ shí gè shènzhì shàng bǎi gè zìfú.——Shíwěihuá

60. 나에게 가장 큰 영향을 미친 책?

"가장 큰 영향을 끼친 책이 뭡니까? 그리고 가장 큰 영향을 끼친 사람은 누구입니까?" 나는 자주 이런 문제에 직면하고 있다.

나의 답은 언제나 표준이다: "내게 가장 영향을 끼친 사람은 우리 엄마이고 나에게 가장 큰 영향을 준 책은 《신화사전》이다. 우리 엄마가 없으면 나도 없고 《신화사전》이 없으면 나는 그렇게 많은 글자를 알지 못했을 것이며 그렇게 많은 책을 볼 수 없었을 것이다.

——Báiyánsōng

한 새로운 인식을 직감 정도로 파악하려면 핵심 원리 두 개가 있다. 하나는 '익숙함'으로 '낯설다'를 이해하는 것이고 또 하나는 "반복"으로 "속도"를 높이는 것이다.

——Chéng jiǎ

60. 对我影响最大的一本书？

我经常会面临这样的一个问题："请问对你影响最大的一本书是什么？对你影响最大的一个人是谁？"

我的答案永远是标准的："对我影响最大的一个人是我妈，对我影响最大的一本书是《新华字典》；没有我妈就没我，没有《新华字典》我不会认识那么多字，看那么多书。"

——白岩松

Wǒ jīngcháng huì miànlín zhèyàng de yígè wèntí:"Qǐngwèn duì nǐ yǐngxiǎng zuìdà de yì běn shū shì shénme? Duì nǐ yǐngxiǎng zuìdà de yígè rén shì shéi?"

Wǒ de dá'àn yǒngyuǎn shì biāozhǔn dì:"Duì wǒ yǐngxiǎng zuìdà de yígè rén shì wǒ mā, duì wǒ yǐngxiǎng zuìdà de yì běn shū shì <xīnhuá zìdiǎn>; méiyǒu wǒ mā jiù méi wǒ, méiyǒu <xīnhuá zìdiǎn> wǒ bú huì rènshí nàme duō zì, kàn nàme duō shū."

——Báiyánsōng

要把一个新的认知掌握到直觉程度，核心原理无非两条：一是用"熟悉"理解"陌生"，二是用"重复"提升"速度"。

——成甲

Yào bǎ yígè xīn de rèn zhī zhǎngwò dào zhíjué chéngdù, héxīn yuánlǐ wúfēi liǎng tiáo: Yī shì yòng "shúxī" lǐjiě "mòshēng", èr shì yòng "chóngfù" tíshēng "sùdù".

——Chéng jiǎ

61. 책을 고르는 비결

우리는 책을 선택할 때 책이 아닌 사람에게 주의를 기울여야 한다. 한 가지 지식의 분야로 들어가려면 우리는 세 사람들의 책을 읽기만 하면 충분하다.

완전 모르는 분야에 빨리 들어가고 싶다면 개종입파(开宗立派)의 "창립자", 한계를 깬 "대립자", 그리고 총결산하고 집대성한 "종합자"를 읽어야 한다. 이 세 사람들에는 분명한 선착순이 없고 개종입파(开宗立派) 이후 대립자와 통합자가 무작위로 나온다는 점을 설명할 필요가 있다.

한 분야를 이해하려면 '창립자'를 찾아야 한다. 분야마다 창립자도 있다. 예를 들어 루반(鲁班)은 건설업, 역아(易牙)는 요식업의 창립자다. 지식계에서도 각 분야마다 창립자가 있는 것이고 이들이 바로 이 분야의 '창립자'이다. 예컨대 존 메이너드 케인스는 거시경제학의 창립자이고 프로이트는 정신분석학파의 창립자이다.

'창립자'의 책을 숙독해야 하는데 '창립자' 에게는 남들이 할 수 없는 중요한 메시지가 많이 담겨 있기 때문이다.

'창립자' 외에 '대립자'의 책도 읽어야 한다. 보통 한 분야가 처음 만들어진 후 제자들이 '창립자'가 제시한 아이디어에 따라 서로 분담해 소임을 다한다. 이 제자들의 책에 지식 함량이 매우 높지만 창의성을 만들 수 없을 것이다. 그리고 그 아래로 나눌수록 더욱 세심하다. 이때 우리는 다른 관점을 제시할 수 있는 독창적인 시각을 가진 대립자들의 책을 읽을 필요가 있다.

핵심 논점을 일망타진하고 앞의 두 사람을 찾아낸 다음 나머진 사람을 찾을 것이다. 즉, '통합자'이다. '통합자'에는 두 가지 종류가 있다. 하나는 내가 이전 수업에서 이야기했던 것이며 한 분야는 일정한 단계로 가고 많은 새로운 증거와 현상들이 원래의 분석 틀에 포함되지 못하고 해가 쌓이면 원래의 틀이 쉽게 무너지는 것이다. 이때 다윈이나 아인슈타인 같은 대가들이 나타나 새로운 분석 프레임과 학설을 제시한다. 이들이 바로 '통합자'다. 이런 '통합자'는 일반적으로 모두 명성이 자자하다. 우리가 이런 사람을 선택할 때에는 지금까지 초월하지 않고 넘어뜨리는 사람을 찾아야 한다는 점을 명심하는 것만으로도 충분하다.

——Lǐ yuán

61. 选书的秘诀

我们在选书的时候,应该把注意力放在人身上,而不是放在书上面。要进入一个知识领域,我们只需要读三个人的书就够了。

如果我们对一个领域完全陌生,但是又想迅速进入这个领域,我们应该读的三个人是:开宗立派的"开创者",打破界限的"分歧者",还有总结归纳、集大成的"综合者"。需要说明的是,这三者并没有明确的先后顺序,开宗立派之后,分歧者和综合者是随机出现的。

要了解一个领域,就要找到"开创者"。每一个行业都有开山鼻祖,比如鲁班是建筑业的开创者,易牙是餐饮业的开创者。在知识界,每一个领域也都会有创始人,他们就是这个领域的"开创者"。比如,约翰·凯恩斯是宏观经济学的开创者,弗洛伊德是精神分析学派的开创者。

我们要熟读"开创者"的书,因为"开创者"身上凝结了很多关键信息,这是其他人做不到的。

除了"开创者"之外,我们还需要读"分歧者"的书。通常而言,一个领域在初创之后,门徒们按照"开创者"提出的很多想法分工合作,大家各司其职,完成各自的小任务。这些各司其职的人,虽然他们的书的知识含量也很高,但不见得能创造很多新意。而且越是向后,分工就越细碎。这时我们需要读分歧者的书,他们独辟蹊径,能提出不同的观点。

将核心论点一网打尽找到前面两个人之后,接下来我们就可以再找一个人:"综合者"。"综合者"有两种:一种是我在之前课程里面讲过的,一个领域走到一定阶段,很多新的证据和现象无法纳入到原来的分析框架,日积月累之后,原来的框架容易崩塌。这个时候就会出现一些像达尔文和爱因斯坦这样的大神,提出一个新的分析框架、学说。他们就是"综合者"。这类"综合者"一般都大名鼎鼎。我们在选择这类人的时候,只需牢记一点就足够了:要找迄今为止还没有被超越和颠覆的人。——李源

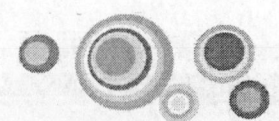

梦想中国语　名人名言

　　Wǒmen zài xuǎn shū de shíhòu, yīnggāi bǎ zhùyì lì fàng zài rén shēnshang, ér búshì fàng zài shū shàngmiàn. Yào jìnrù yígè zhīshì lǐngyù, wǒmen zhǐ xūyào dú sān gèrén de shū jiù gòule.

　　Rúguǒ wǒmen duì yígè lǐngyù wánquán mòshēng, dànshì yòu xiǎng xùnsù jìnrù zhège lǐngyù, wǒmen yīnggāi dú de sān gèrén shì: Kāi zōng lìpài de "kāichuàng zhě", dǎpò jièxiàn de "fēnqí zhě", hái yǒu zǒngjié guīnà, jídàchéng de "zònghé zhě". Xūyào shuōmíng de shì, zhè sān zhě bìng méiyǒu míngquè de xiānhòu shùnxù, kāi zōng lìpài zhīhòu, fēnqí zhě hé zònghé zhě shì suíjī chūxiàn de.

　　Yào liǎojiě yígè lǐngyù, jiù yào zhǎodào "kāichuàng zhě". Měi yígè hángyè dōu yǒu kāishān bízǔ, bǐrú lǔbān shì jiànzhú yè de kāichuàng zhě, yì yá shì cānyǐn yè de kāichuàng zhě. Zài zhīshì jiè, měi yígè lǐngyù yě dūhuì yǒu chuàngshǐ rén, tāmen jiùshì zhège lǐngyù de "kāichuàng zhě". Bǐrú, yuēhàn·kǎi'ēnsī shì hóngguān jīngjì xué de kāichuàng zhě, fú luò yī dé shì jīngshén fēnxī xuépài de kāichuàng zhě.

　　Wǒmen yào shú dú "kāichuàng zhě" de shū, yīnwèi "kāichuàng zhě" shēnshang níngjiéle hěnduō guānjiàn xìnxī, zhè shì qítā rén zuò bù dào de.

　　Chúle "kāichuàng zhě" zhī wài, wǒmen hái xūyào dú "fēnqí zhě" de shū. Tōngcháng ér yán, yígè lǐngyù zài chūchuàng zhīhòu, méntúmen ànzhào "kāichuàng zhě" tíchū de hěnduō xiǎngfǎ fēngōng hézuò, dàjiā gè sī qí zhí, wánchéng gèzì de xiǎo rènwù. Zhèxiē gè sī qí zhí de rén, suīrán tāmen de shū de zhīshì hánliàng yě hěn gāo, dàn bújiàn dé néng chuàngzào hěnduō xīnyì. Érqiě yuè shì xiàng hòu, fēngōng jiù yuè xìsuì. Zhè shí wǒmen xūyào dú fēnqí zhě de shū, tāmen dúpìqījìng, néng tíchū bùtóng de guāndiǎn.

　　Jiāng héxīn lùndiǎn yìwǎngdǎjìn zhǎodào qiánmiàn liǎng gèrén zhīhòu, jiē xiàlái wǒmen jiù kěyǐ zài zhǎo yígè rén:"Zònghé zhě"."Zònghé zhě" yǒu liǎng zhǒng: Yì zhǒng shì wǒ zài zhīqián kèchéng lǐmiàn jiǎngguò de, yígè lǐngyù zǒu dào yídìng jiēduàn, hěnduō xīn de zhèngjù hé xiànxiàng wúfǎ nàrù dào yuánlái de fēnxī kuàngjià, rìjīyuèlěi zhīhòu, yuánlái de kuàngjià róngyì bēngtā. Zhège shíhòu jiù huì chūxiàn yīxiē xiàng dá'ěrwén hé ài yīn sītǎn zhèyàng de dàshén, tíchū yígè xīn de fēnxī kuàngjià, xuéshuō. Tāmen jiùshì "zònghé zhě". Zhè lèi "zònghé zhě" yìbān dū dàmíngdǐngdǐng. Wǒmen zài xuǎnzé zhè lèi rén de shíhòu, zhǐ xū láojì yìdiǎn jiù zúgòule: Yào zhǎo qìjīn wéizhǐ hái méiyǒu bèi chāoyuè hé diānfù de rén.

——Lǐ yuán

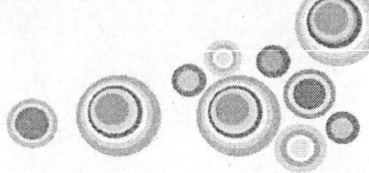

62. 창립자의 책을 꼭 읽어야 한다.

독서는 지식을 아니라 작가, 사상가를 중심으로 되어야 한다. 그래서 새로운 지식 분야로 빠르게 진입하고 분야의 본질을 파악하려면 교과서만 읽어서는 안 된다. 예컨대 <심리학도론>과 <경제학개론> 같은 책은 지식 분야의 핵심을 파악하는 데 도움이 되지 않는다. 우리가 새로운 지식 분야로 들어가려면 창립자의 대표작을 선택해야 하고 아니면 다음 집대성자의 저서를 입문서로 선택해야 한다.

일반적으로 한 작가, 사상가는 평생 주로 1~3개의 핵심 성과, 결론, 학설 또는 관점을 거듭하고 다른 성취는 기본적으로 핵심 성과에서 비롯된 것이다. 결국 한 사람의 능력, 정력과 시간에는 한계가 있다. 뉴턴과 같은 천재라도 핵심적인 성취는 두 가지 반인 만유인력의 법칙, 뉴턴 운동의 법칙, 그리고 라이프니츠와 함께 미적분을 발명했다. 아인슈타인의 주요 성과는 상대성 이론이다.

——Lǐ yuán

62. 一定要读创始人的书

读书应该以作家、思想家为核心，不能以知识点为核心。所以，想要快速进入一个新的知识领域，抓住这个领域的本质，是不能通过教材类的书来实现的。比如《心理学导论》《经济学概论》这种书，对我们抓住一个知识领域的核心是没有帮助的。我们想要进入一个全新的知识领域，应该选择创始人的代表作，也可以选择当下一个集大成者的著作作为入门书。

一般来说，一个作家、思想家毕生有1到3个核心成果、结论、学说或观点，其他的成就基本都是核心成就的延伸和扩展，毕竟一个人的能力、精力和时间是有局限的。即使是牛顿那样的天才，核心成就也就是两个半：万有引力定律、牛顿运动定律，和莱布尼茨一起发明了微积分。爱因斯坦主要成就是相对论。

——李源

Dúshū yīnggāi yǐ zuòjiā, sīxiǎngjiā wèi héxīn, bùnéng yǐ zhīshì diǎn wèi héxīn. Suǒyǐ, xiǎng yào kuàisù jìnrù yígè xīn de zhīshì lǐngyù, zhuā zhù zhège lǐngyù de běnzhí, shì bùnéng tōngguò jiàocái lèi de shū lái shíxiàn de. Bǐrú "xīnlǐ xué dǎolùn""jīngjì xué gàilùn" zhè zhǒng shū, duì wǒmen zhuā zhù yīgè zhīshì lǐngyù de héxīn shì méiyǒu bāngzhù de. Wǒmen xiǎng yào jìnrù yígè quánxīn de zhīshì lǐngyù, yīnggāi xuǎnzé chuàngshǐ rén de dàibiǎozuò, yě kěyǐ xuǎnzé dāngxià yígè jídàchéng zhě de zhùzuò zuòwéi rùmén shū.

Yìbān lái shuō, yígè zuòjiā, sīxiǎngjiā bìshēng yǒu 1 dào 3 gè héxīn chéngguǒ, jiélùn, xuéshuō huò guāndiǎn, qítā de chéngjiù jīběn dōu shì héxīn chéngjiù de yánshēn hé kuòzhǎn, bìjìng yígè rén de nénglì, jīnglì hé shíjiān shì yǒu júxiàn de. Jíshǐ shì niúdùn nàyàng de tiāncái, héxīn chéngjiù yě jiùshì liǎng gè bàn: Wànyǒuyǐnlì dìnglǜ, niúdùn yùndòng dìnglǜ, hé lái bù ní cí yìqǐ fāmíngliǎo wéi jīfēn. Ài yīn sītǎn zhǔyào chéngjiù shì xiāngduìlùn.——Lǐ yuán

三. 책을 어떻게 읽을 까?

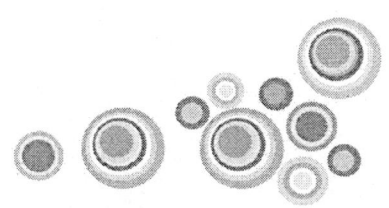

梦想中国语 名人名言

三。怎么读书?

Sān, zěnme dúshū?

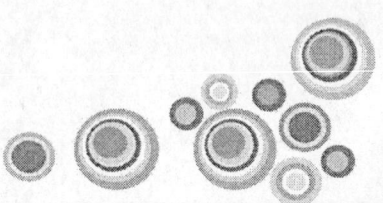

63. 빠른 시간에 책 10권을 결정한다.

진정으로 읽어야 할 내용을 어떻게 결정하는지를 배우는 것이 수업이다.

만약 6개월의 시한부 삶을 살고 남은 기간에 책 10권을 읽을 수 있다면 어떤 책을 선택할까? 3분 안에 종이에 가능한 한 많은 책을 열거한다. 이 책들은 마땅히 읽어야 한다고 생각하는 것이 아니라 정말로 읽어야 할 것이다. 게다가 2분 안되는 시간에 더 알고 싶은 화제나 제목들을 열거한다.

자신이 몇 달밖에 살지 못한다고 가정하고 가장 읽고 싶은 책 10권을 열거한다. 이것은 독서를 계획하기 위한 좋은 출발이다. 만약 여러분이 6개월마다 진행할 수 있다면 스스로는 더 많은 읽기를 완성하는 속도에 놀랄 것입니다.

——Kump,P.

63. 最快的时间决定10本书

学习如何决定真正要读的内容本身就是一门课。

假如你仅剩下6个月的生命，在余下的时间内还能阅读任意10本书，你会选择哪些？3分钟内在文件上列出尽可能多的书目。这些书目不是你觉得应该读的，而是你真正需要阅读的。再利用不到两分钟的时间，列出你想要了解的更多话题或题目。

假设自己只有几个月的生命，然后列出10本你最想阅读的书目。这是规划阅读的良好开端。如果你能每6个月进行一次，你自己都会惊讶于完成更多阅读的速度。

——Kump,P.

Xuéxí rúhé juédìng zhēnzhèng yào dú de nèiróng běnshēn jiùshì yì mén kè.

Jiǎrú nǐ jǐn shèng xià 6 gè yuè de shēngmìng, zài yúxià de shíjiān nèi hái néng yuèdú rènyì 10 běn shū, nǐ huì xuǎnzé nǎxiē?3 Fēnzhōng nèizài wénjiàn shàng liè chū jǐn kěnéng duō de shūmù. Zhèxiē shūmù búshì nǐ juédé yīnggāi dú de, ér shì nǐ zhēnzhèng xūyào yuèdú de. Zài lìyòng bú dào liǎng fēnzhōng de shíjiān, liè chū nǐ xiǎng yào liǎojiě de gèng duō huàtí huò tímù.

Jiǎshè zìjǐ zhǐyǒu jǐ gè yuè de shēngmìng, ránhòu liè chū 10 běn nǐ zuì xiǎng yuèdú de shūmù. Zhè shì guīhuà yuèdú de liánghǎo kāiduān. Rúguǒ nǐ néng měi 6 gè yuè jìnxíng yícì, nǐ zìjǐ dūhuì jīngyà yú wánchéng gèng duō yuèdú de sùdù.

——Kump,P.

64. 어떤 책을 읽든지 시작이 가장 중요하다.

완성이 완벽함보다 더 중요하다. 그래서 우리는 시도를 시작해야만 점점 더 나아질 수 있다.

——Péng xiǎo liù

지식이라는 것은 늦게 배울수록 더 비싸다.

——Jenny qiáo

가장 존경할 만한 사람은 허리를 굽혀 다른 사람에게 배울 수 있는 사람이다.

——Yóutài yànyǔ

지식이 없는 사람은 남의 무지에 대해 얘기하기 좋아하지만, 지식이 많은 사람은 늘 자기의 무지를 발견한다.

——Descartes

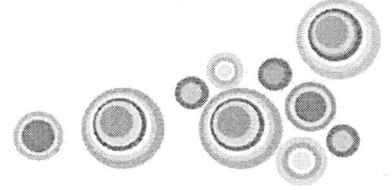

64. 不管读什么书，开始最重要

完成比完美更重要。所以我们只有开始去尝试，才能越来越好。

——彭小六

Wánchéng bǐ wánměi gèng zhòngyào. Suǒyǐ wǒmen zhǐyǒu kāishǐ qù chángshì, cáinéng yuè lái yuè hǎo.

——Péng xiǎo liù

知识这东西，越晚学，越贵。——Jenny 乔

Zhīshì zhè dōngxī, yuè wǎn xué, yuè guì.——Jenny qiáo

最值得尊敬的人是能够弯下腰向别人学习的人。——犹太谚语

zuì zhídé zūnjìng de rén shì nénggòu wān xiàyāo xiàng biérén xuéxí de rén.——Yóutài yànyǔ

没有知识的人总爱议论别人的无知，知识丰富的人却时时发现自己的无知。

——笛卡儿

Méiyǒu zhīshì de rén zǒng ài yìlùn biérén de wúzhī, zhīshì fēngfù de rén què shíshí fāxiàn zìjǐ de wúzhī.

——Descartes

65. 독서는 인내심이 필요하다.

처음에 책은 읽을수록 두껍고 앞으로 읽을수록 얇아진다.

——Huáluōgēng

이 세상에서 모든 좋은 것은 천천히 얻는다. 천천히 얻은 것이 아니면 얻지 못한 것이나 다름없다. ——Nietzsche

강한 사람이 되려면 남들의 열 배 심지어 백 배의 노력과 고생을 해야 한다. 다른 사람은 필사적으로 뻥을 치고 너는 필사적으로 책을 읽는다. 남들은 필사적으로 술을 마시고 너는 필사적으로 책을 읽는다. 다른 사람은 승진을 위해 필사적으로 노력하고 너는 필사적으로 책을 읽는다.

——Féng táng

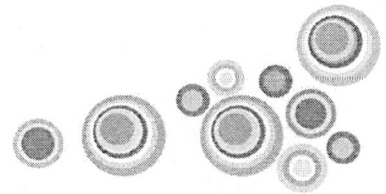

梦想中国语　名人名言

65. 读书需要耐心

书开始是越读越厚，慢慢就会越读越薄。——华罗庚

Shū kāishǐ shì yuè dú yuè hòu, màn man jiù huì yuè dú yuè báo.——Huáluógēng

这个世界上一切好的东西，都是慢慢得到的，如果不是慢慢得到的，你就等于没有得到。

——尼采

Zhège shìjiè shàng yíqiè hǎo de dōngxi, dōu shì màn man dédào de, rúguǒ búshì màn man dédào de, nǐ jiù děngyú méiyǒu dédào.

——Nietzsche

要做到"强"，就要付出别人十倍甚至百倍的努力和辛苦。别人拼命吹牛，你拼命读书。别人拼命喝酒，你拼命读书。别人拼命做官，你拼命读书。

——冯唐

Yào zuò dào "qiáng", jiù yào fùchū biérén shí bèi shènzhì bǎibèi de nǔlì hé xīnkǔ. Biérén pīnmìng chuīniú, nǐ pīnmìng dúshū. Biérén pīnmìng hējiǔ, nǐ pīnmìng dúshū. Biérén pīnmìng zuò guān, nǐ pīnmìng dúshū.

——Féng táng

66. 노른자와 흰자의 차이

일본 도쿄 대학 과학자인 시미즈의 책에 개인의 성장을 두 부분으로 나눌 수 있고 마치 절인 오리알과 같다고 나타났다. 흰자는 우리가 평소에 공부하는 기능과 방법이고 쉽게 바뀌기도 하며 함께 섞이기도 쉽다. 하지만 노른자는 우리의 마음처럼 견고해서 바꾸기가 매우 어렵다.

사람마다 각자의 사고 방법과 정신 시스템이 다르기 때문에 얼마큼을 공부하든 본질적으로 우리의 정신 시스템은 바꾸기 어렵다. 그래서 개인의 성장에 있어서 특히 책을 읽을 때 기능과 방법뿐만 아니라 정신적인 시스템의 학습과 향상에 관심을 가져야 한다.

——Péng xiǎo liù

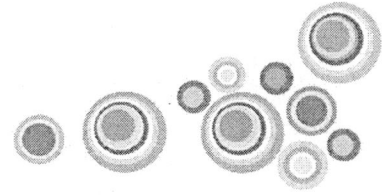

66. 蛋黄和蛋清的不同

　　日本东京大学的科学家清水博的一本书中曾经谈到个人的成长可以分成两个部分，就像是一个咸鸭蛋，蛋清是我们平时接触的一些技能和方法，很容易改变，也很容易混在一起；而蛋黄就像是我们的内心，坚固异常，很难改变。

　　每个人都有各自的思考方法和心智模式，无论我们如何学习，本质上我们的心智都是很难改变的。所以在个人成长方面，特别是我们在阅读的时候，不仅要关注技能和方法，更要注重心智模式的学习和提升。

——彭小六

Rìběn dōngjīng dàxué de kēxuéjiā qīngshuǐ bó de yì běn shū zhōng céngjīng tán dào gèrén de chéng cháng kěyǐ fēnchéng liǎng gè bùfen, jiù xiàng shì yígè xián yādàn, dànqīng shì wǒmen píngshí jiēchù de yìxiē jìnéng hé fāngfǎ, hěn róngyì gǎibiàn, yě hěn róngyì hùnzài yìqǐ; ér dànhuáng jiù xiàng shì wǒmen de nèixīn, jiāngù yìcháng, hěn nán gǎibiàn.

Měi gèrén dōu yǒu gèzì de sīkǎo fāngfǎ hé xīnzhì móshì, wúlùn wǒmen rúhé xuéxí, běnzhí shàng wǒmen de xīnzhì dōu shì hěn nán gǎibiàn de. Suǒyǐ zài gèrén chéng cháng fāngmiàn, tèbié shì wǒmen zài yuèdú de shíhòu, bùjǐn yào guānzhù jìnéng hé fāngfǎ, gèng yào zhùzhòng xīnzhì móshì de xuéxí hé tíshēng.

——Péng xiǎo liù

67. 읽기의 네 가지 형식

"읽기"는 다음과 같은 몇 가지 형식이 있다.

"통독": 이는 우리가 학교에서 배우는 것이다. 통독은 소리를 내거나 마음속에 내용을 기억하도록 하는 "눈으로 문자를 보기"와 "뇌로 사고"를 동시에 하는 독서법이다.

"속독": 이는 중점을 "눈으로 보기"에 두고 시간과 효율을 매우 중요시한다. 읽기 속도를 높이기 위해 대충 훑어보거나 필요한 것만 본다.

"다독": 양으로 이기는 읽기 방법이다. 우선 많은 책을 읽어야 하고 그 중에 대비를 해여 상이점을 발견하도록 한다.

"숙독, 정독": 정확히 책 읽고 책의 내용을 자신의 것으로 전환시킨다. 저자의 관점을 정확히 이해해야 할 뿐만 아니라 새로운 돌파구를 찾아 책의 내용을 자신의 말로 다시 말한다.

——Yasuhiro Watanabe

67. 阅读的四种形式

"阅读"有以下几种形式：

"通读"：这是我们在学校里所学的阅读方法。它要求我们念出声来或者在心里记住内容，是一种要求"眼睛看文字"和"头脑思考"同时进行的阅读方法。

"速读"：将重点放在"用眼睛看"上，是一种很注重时间与效率的阅读方法。为了提高阅读的速度，而去大致"浏览"或者只看必要的内容。

"泛读"：一种以量取胜的阅读方法。首先要阅读大量的书籍，然后再在几本书中进行对比，从而发现不同之处。

"熟读、精读"：准确地阅读，并将书本中的内容消化成为自己的东西。不但要准确地理解作者的观点，还要能找到新的切入口，用自己的语言复述出这本书的内容。

——渡边康弘

"Yuèdú" yǒu yǐxià jǐ zhǒng xíngshì:

"Tōngdú": Zhè shì wǒmen zài xuéxiào lǐ suǒ xué de yuèdú fāngfǎ. Tā yāoqiú wǒmen niàn chū shēng lái huòzhě zài xīnlǐ jì zhù nèiróng, shì yì zhǒng yāoqiú "yǎnjīng kàn wénzì" hé "tóunǎo sīkǎo" tóngshí jìnxíng de yuèdú fāngfǎ.

"Sù dú": Jiāng zhòngdiǎn fàng zài "yòng yǎnjīng kàn" shàng, shì yì zhǒng hěn zhù chóng shíjiān yǔ xiàolǜ de yuèdú fāngfǎ. Wèile tígāo yuèdú de sùdù, ér qù dàzhì "liúlǎn" huòzhě zhǐ kàn bìyào de nèiróng.

"Fàn dú": Yì zhǒng yǐ liàng qǔshèng de yuèdú fāngfǎ. Shǒuxiān yào yuèdú dàliàng de shūjí, ránhòu zài zài jǐ běn shū zhōng jìnxíng duìbǐ, cóng'ér fāxiàn bùtóng zhī chù.

"Shú dú, jīngdú": Zhǔnquè de yuèdú, bìng jiāng shūběn zhōng de nèiróng xiāohuà chéngwéi zìjǐ de dōngxī. Búdàn yào zhǔnquè dì lǐjiě zuòzhě de guāndiǎn, hái yào néng zhǎodào xīn de qiē rùkǒu, yòng zìjǐ de yǔyán fùshù chū zhè běn shū de nèiróng.——Yasuhiro Watanabe

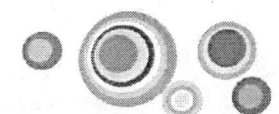

68. 책을 읽기 전에 질문을 해라.

책을 받을 때 먼저 덮고 그 속에서 무엇을 보고 싶는지, 저자가 나에게 무엇을 말하는지, 아니면 이 재미있는 영혼과 어떤 소통하고 싶는지를 자신에게 물어본다. 이어 책을 펼치고 목록에서 답을 찾거나 목록에 따라 내용을 찾아 작가가 쓴 말을 본다. 답이 나올 때까지 나는 한 글자씩 한 글자씩 읽을 것이다.

——Lǐshànglóng

책을 읽는 훈련은 근육 훈련과 비슷하며 점차적으로 부하량을 늘려 운동함으로써 긴 시간 동안 집중을 유지하는 능력을 길러야 한다.

——Takashi Saitô

梦想中国语 名人名言

68. 读书前问问题

当我拿到一本书时，我会先合上书，问问自己，我想从中看到什么，我想听到作者告诉我什么，或者说，我想跟这个有趣的灵魂，怎样进行沟通。接着，我打开书，从目录里找答案，或者直接翻过去，找到那个位置，看作者写的话。当有了答案，接下来，我就会一点一点地读了。

——李尚龙

Dāng wǒ ná dào yì běn shū shí, wǒ huì xiān hé shàngshū, wèn wèn zìjǐ, wǒ xiǎng cóng zhòng kàn dào shénme, wǒ xiǎng tīng dào zuòzhě gàosù wǒ shénme, huòzhě shuō, wǒ xiǎng gēn zhège yǒuqù de línghún, zěnyàng jìnxíng gōutōng. Jiēzhe, wǒ dǎkāi shū, cóng mùlù lǐ zhǎo dá'àn, huòzhě zhíjiē fān guòqù, zhǎodào nàge wèizhì, kàn zuòzhě xiě dehuà. Dāng yǒule dá'àn, jiē xiàlái, wǒ jiù huì yì diǎn yì diǎn de dúle.

——Lǐshànglóng

读书的训练，有点类似于肌肉训练，需要通过逐步增加负荷量来加以锻炼，从而养成长时间保持精力集中的能力。

——斋藤孝

Dúshū de xùnliàn, yǒudiǎn lèisì yú jīròu xùnliàn, xūyào tōngguò zhúbù zēngjiā fùhè liàng lái jiāyǐ duànliàn, cóng'ér yǎng chéng cháng shíjiān bǎochí jīnglì jízhōng de nénglì.

——Takashi Saitô

69. 문제를 내고 많은 책에서 답안을 찾아라

지금의 나는 책을 읽을 때 수량을 요구하지 않고 다 읽으라고 요구하지도 않는다.

내가 어떤 문제를 풀려고 할 때 이 문제가 거듭된 글과 책을 찾고 저자는 어떤 생각으로 문제를 해결할까를 살펴보는 것이다. 이 솔루션 이면에는 내가 잘 알고 있는 지식이 있을까? 이 솔루션의 원리를 어느 분야에 응용할 수 있을까?

이 문제들을 해결한 후 책 한 권을 다 읽지는 못할 수도 있지만 이 문제에 대한 이해와 인식은 열 번 읽은 사람보다 더 깊다. 이런 상태로 보이는 것은 바로 하나로 보고 열을 아는 능력이다. 남의 눈에는 너는 분야를 초월한 지식으로 문제를 해결할 줄 아는 사람이다.

그러므로 독서는 책의 수량에 달려 있지 않고 독서를 통해 세상을 새롭게 인식하게 되고 임계지식을 발견하여 이를 삶에 적용할 수 있는 것에 달려 있다. 생명이 한정되어 있으니 그 "낮은 수준의 근면함"에 한정된 생명을 낭비하지 마라.

——Chéng jiǎ

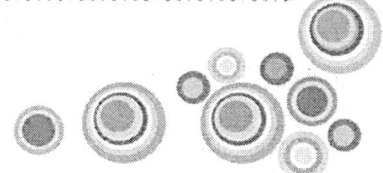

69. 提出问题，去很多书里找答案

现在的我，在读书时既不追求数量，也不要求读完。

我的做法是：当我要解决某个问题的时候，主动去寻找可能会讨论这个问题的文章和书籍，去观察——作者用什么样的思路解决问题？在这个解决方案背后，是否有我熟悉的知识？我还能把这个解决方案的原理，应用在什么领域？

当把这些问题想明白之后，可能我并没有读完一本书，但是我对这个问题的理解和认识，比读完10遍书的人都要深入。这种状态，呈现出来便是举一反三的能力。在别人眼里，你更容易用跨界的知识解决问题。

因此读书不在于多少，而在于你有没有通过读书重新认识这个世界，发现临界知识并把它运用到自己的生活当中。生命有限，不要把有限的生命浪费在那些"低水平勤奋陷阱"里。

——成甲

Xiànzài de wǒ, zài dúshū shí jì bù zhuīqiú shùliàng, yě bù yāoqiú dú wán.

Wǒ de zuòfǎ shì: Dāng wǒ yào jiějué mǒu gè wèntí de shíhòu, zhǔdòng qù xúnzhǎo kěnéng huì tǎolùn zhège wèntí de wénzhāng hé shūjí, qù guānchá——zuòzhě yòng shénme yàng de sīlù jiějué wèntí? Zài zhège jiějué fāng'àn bèihòu, shìfǒu yǒu wǒ shúxī de zhīshì? Wǒ hái néng bǎ zhège jiějué fāng'àn de yuánlǐ, yìngyòng zài shénme lǐngyù?

Dāng bǎ zhèxiē wèntí xiǎng míngbái zhīhòu, kěnéng wǒ bìng méiyǒu dú wán yì běn shū, dànshì wǒ duì zhège wèntí de lǐjiě hé rènshí, bǐ dú wán 10 biàn shū de rén dōu yào shēnrù. Zhè zhǒng zhuàngtài, chéngxiàn chūlái biàn shì jǔyīfǎnsān de nénglì. Zài biérén yǎn lǐ, nǐ gèng róngyì yòng kuà jiè de zhīshì jiějué wèntí.

Yīncǐ dúshū bú zàiyú duōshǎo, ér zàiyú nǐ yǒu méiyǒu tōngguò dúshū chóngxīn rènshí zhège shìjiè, fāxiàn línjiè zhīshì bìng bǎ tā yùnyòng dào zìjǐ de shēnghuó dāngzhōng. Shēngmìng yǒuxiàn, búyào bǎ yǒuxiàn de shēngmìng làngfèi zài nàxiē "dī shuǐpíng qínfèn xiànjǐng" lǐ.

——Chéng jiǎ

70. 질문을 하는 것은 중요한 독서 능력이다.

학기(学记)에는 잘 묻는 사람은 종을 칠 때처럼 살짝 치면 작게 울리고 힘차게 치면 크게 울리며 점차 소리 다 낸다고 했다.

이 문어문을 번역해 보면 질문을 하는 데 질문은 매우 중요한 것이다는 뜻이다: 문제를 발견하고 제기하는 데 능숙한 사람들에게 질문은 마치 큰 종을 치는 것과 같다는 뜻이다..제기되는 문제가 작으면(또는 쉬우면) 종소리가 작고 질문이 크면(심각하면) 종소리가 크다. 그리고 모든 문제 제기가 다 해결된 후에야 종소리가 멈춘다.

그밖에 이 문어문은 종을 치는 데는 반드시 침착해야 소리가 은은하게 들린다. 질문도 마찬가지로 한 걸음씩 천천히 해야하며, 적극적인 사고를 바탕으로 질문해야 수준과 깊이가 있을 수 있다.

——Wúguāngyuǎn

梦想中国语 名人名言

70. 问问题是一种重要的读书能力

《学记》中说得好:"善问者如撞钟,叩之以小者则小鸣,叩之以大者则大鸣;待其以容,然后尽其声。"

这段文言文翻译过来,意思是说,提问是很有讲究的:对于那些善于发现问题并提出问题的人来说,提问就如同敲击一口大钟。所提的问题小(或者叫简单),钟声就小;所提的问题大(或者叫深刻),钟声就大。而且,等所有提出的问题都解决之后,钟声才会停止。

此外,这段古文还告诉我们,敲钟一定要从容不迫,它的声音才能悠扬悦耳;自然地,提问也要一步步慢慢来,要在积极思索的基础上发问,这样才有水准和深度。

——吴光远

<Xué jì> zhōng shuō dé hǎo:"Shàn wèn zhě rú zhuàng zhōng, kòu zhī yǐ xiǎo zhě zé xiǎo míng, kòu zhī yǐ dà zhě zé dà míng; dài qí yǐ róng, ránhòu jìn qí shēng."

Zhè duàn wényánwén fānyì guòlái, yìsi shì shuō, tíwèn shì hěn yǒu jiǎngjiù de: Duìyú nàxiē shànyú fāxiàn wèntí bìng tíchū wèntí de rén lái shuō, tíwèn jiù rútóng qiāo jī yìkǒu dà zhōng. Suǒ tí de wèntí xiǎo (huòzhě jiào jiǎndān), zhōng shēng jiù xiǎo; suǒ tí de wèntí dà (huòzhě jiào shēnkè), zhōng shēng jiù dà. Érqiě, děng suǒyǒu tíchū de wèntí dōu jiějué zhīhòu, zhōng shēng cái huì tíngzhǐ.

Cǐwài, zhè duàn gǔwén hái gàosù wǒmen, qiāo zhōng yídìng yào cóngróngbùpò, tā de shēngyīn cáinéng yōuyáng yuè'ěr; zìrán dì, tíwèn yě yào yíbù bù màn man lái, yào zài jījí sīsuǒ de jīchǔ shàng fāwèn, zhèyàng cái yǒu shuǐzhǔn hé shēndù.

——Wúguāngyuǎn

71. 고래 삼키기, 소 씹기 독서법

진목(秦牧)은 책을 읽으며 많은 사람을 박채하는 준칙을 견지한다. 그는 "학문 탐색의 길"이라는 글에서 자신의 독서법을 고래 삼키기, 소 씹기는 것으로 요약한 바 있다. "간단한 서보만 알면 범독할 수 있다" 그러나 폭은 큰 고래가 물을 빨아들이는 것과 같이 넓다. "자세한 것을 철저히 파악하고 기억해야 하는 서보는 반드시 정독해야 한다"는 것은 늙은 소가 풀을 뜯고 천천히 씹으며 세세하게 음미하는 것과 같다. 이것이 훗날 사람들이 말하는 '고래 삼키기, 소 씹기 독서법'이다.

'소 씹기'라는 게 뭐죠? 그는 "노소는 낮에 풀을 먹은 뒤 밤늦게 열한 두 시까지도 입을 움직이며 낮에 삼킨 것을 다시 '반추'해 씹는다. 우리는 정독이 필요한 것에 대해서도 이렇게 여러 번 반복해서 아주 세세하게 씹어서 삼켜야 한다. 어떤 책은 처음에는 대체로 삼킨 다음 세세하게 연구하여 체취를 체취한다. 이렇게 한다면 아무리 소화하기 어려운 것이라도 소화하기 쉽다"고 말했다. 이것이 바로 '소 씹기'식의 정독이다.

그럼 '고래삼키기'라는 게 뭐죠? 그가 말하길, 고래류의 거대한 물인 수염고래는 활동할 때는 작은 섬처럼 헤엄치지만, 바다의 작은 물고기와 새우

 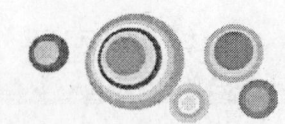

를 주식으로 한다. 이 작은 물고기들이 어떻게 그 위를 채우는가? 원래 수염고래는 헤엄칠 때에는 계속 입을 벌리고 있었는데, 작은 물고기는 바닷물에 따라 그 입으로 흘러 들어오면서 입을 맞추자 이빨 틈에서 바닷물이 쏙 빠지고 엄청난 양의 작은 물고기가 남게 된다. 이렇게 한입에 한입씩 먹으니 통톤의 작은 물고기와 작은 새우가 고래의 위주머니로 들어가게 된다.

사람들은 범독하는 것도 고래 먹는 법을 배워야 한다. 지식을 좀 배우려는 사람은 정독만 있고 범독이 없다면, 매일 수만 자를 '삼킬' 수 없다면 지식은 풍부해지기 어렵다.정교한 과자와 비타민 환만으로 양생하는 것은 건장할 수 없는 것이 확실하다.

소가 씹는다'와 '고래 삼킨다'는 양자는 한나를 버리면 안 된다.'고래 삼키기'를 해야 하고, 다양한 서적을 대량으로 폭넓게 읽어야 하고, 그 중 적은 수의 고전 저작에 대해 거듭 연구하고 세세하게 음미해야 한다.이렇게 정독과 범독이 유기적으로 결합될 수 있다.

——Qínlínghuá

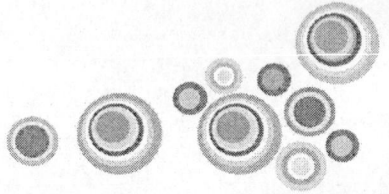

71. 鲸吞牛嚼读书法

秦牧读书坚持博采众长的准则。他曾于《在探索学问的道路上》一文中将自己的读书方法总结为鲸吞与牛嚼："只需知道一个梗概的书报可以泛读，"但要面广，犹如大鲸吸水；"要求彻底弄明白的和记住细节的书报，必须精读"，就像老牛吃草，慢慢咀嚼，细细品味。这就是后来人们说的"鲸吞牛嚼读书法"。

什么叫"牛嚼"呢？他说："老牛白日吃草之后，到深夜十一二点，还动着嘴巴，把白天吞咽下去的东西再次'反刍'，嚼烂嚼细。我们对需要精读的东西，也应该这样反复多次，嚼得极细再吞下。有的书，刚开始先大体吞下去，然后分段细细研读体味。这样，再难消化的东西也容易消化了。"这就是"牛嚼"式的精读。

那什么叫"鲸吞"呢？他说，鲸类中的庞然大物——须鲸，游动时俨然如一座飘浮的小岛，但它却是以海里的小鱼小虾为主食的，这些小玩艺儿怎么填满它的巨胃呢？原来，须鲸游起来一直张着大口，小鱼小虾随着海水流入它的口中，它把嘴巴一合，海水就从齿缝中哗哗漏掉，而大量的小鱼小虾被筛留下来。如此一大口一大口吃，整吨整吨的小鱼小虾就进入鲸的胃袋了。

人们泛读也应该学习鲸的吃法，一个想要学点知识的人，如果只有精读，没有泛读；如果每天不能"吞食"几万字的话，知识是很难丰富起来的。单靠精致的点心和维生素丸来养生，是肯定健壮不起来的。

牛嚼"与"鲸吞"，二者不可偏废。既要"鲸吞"，要大量地广泛地阅读各种书籍，又要对其中少量经典著作反复钻研，细细品味。如此这般，精读和泛读就能有机地结合起来了。

——秦灵华

梦想中国语 名人名言

Qín mù dúshū jiānchí bócǎizhòngcháng de zhǔnzé. Tā céng yú <zài tànsuǒ xuéwèn de dàolù shàng> yì wénzhōng jiàng zìjǐ de dúshū fāngfǎ zǒngjié wéi jīngtūn yǔ niú jué: "Zhǐ xū zhīdào yígè gěnggài de shū bào kěyǐ fàn dú," dàn yào miàn guǎng, yóurú dà jīng xīshuǐ; "yāoqiú chèdǐ nòng míngbái de hé jì zhù xìjié de shū bào, bìxūjīngdú", jiù xiàng lǎo niú chī cǎo, màn man jǔjué, xì xì pǐnwèi. Zhè jiùshì hòulái rénmen shuō de "jīngtūn niú jué dúshū fǎ".

Shénme jiào "niú jué" ne? Tā shuō: "Lǎo niú bái rì chī cǎo zhīhòu, dào shēnyè shíyī'èr diǎn, hái dòngzhe zuǐbā, bǎ báitiān tūnyàn xiàqù de dōngxī zàicì 'fǎnchú', jué làn jué xì. Wǒmen duì xūyào jīngdú de dōngxī, yě yīnggāi zhèyàng fǎnfù duō cì, jué dé jí xì zài tūn xià. Yǒu de shū, gāng kāishǐ xiān dàtǐ tūn xiàqù, ránhòu fēn duàn xì xì yándú tǐwèi. Zhèyàng, zài nán xiāohuà de dōngxī yě róngyì xiāohuàle." Zhè jiùshì "niú jué" shì de jīngdú.

Nà shénme jiào "jīngtūn" ne? Tā shuō, jīng lèi zhōng de pángrándàwù——xūjīng, yóu dòng shí yǎnrán rú yízuò piāofú de xiǎo dǎo, dàn tā què shì yǐ hǎilǐ de xiǎo yú xiǎo xiā wéi zhǔshí de, zhèxiē xiǎo wán yìr zěnme tián mǎn tā de jù wèi ne? Yuánlái, xū jīng yóu qǐlái yìzhí zhāngzhe dàkǒu, xiǎo yú xiǎo xiā suízhe hǎishuǐ liúrù tā de kǒuzhōng, tā bǎ zuǐbā yì hé, hǎishuǐ jiù cóng chǐ fèng zhōng huā huā lòu diào, ér dàliàng de xiǎo yú xiǎo xiā bèi shāi liú xiàlái. Rúcǐ yí dàkǒu yí dà kǒuchī, zhěng dūn zhěng dūn de xiǎo yú xiǎo xiā jiù jìnrù jīng de wèidàile.

Rénmen fàn dú yě yīnggāi xuéxí jīng de chī fǎ, yígè xiǎng yào xué diǎn zhīshì de rén, rúguǒ zhǐyǒujīngdú, méiyǒu fàn dú; rúguǒ měitiān bùnéng "tūnshí" jǐ wàn zì dehuà, zhīshì shì hěn nán fēngfù qǐlái de. Dān kào jīngzhì de diǎnxīn hé wéishēngsù wán lái yǎngshēng, shì kěndìng jiànzhuàng bù qǐlái de.

Niú jué" yǔ "jīngtūn", èr zhě bùkě piānfèi. Jì yào "jīngtūn", yào dà liáng de guǎngfàn de yuèdú gè zhǒng shūjí, yòu yào duì qízhōng shào liàng jīngdiǎn zhùzuò fǎnfù zuānyán, xì xì pǐnwèi. Rúcǐ zhè bān, jīngdú hé fàn dú jiù néng yǒu jī de jiéhé qǐláile.

——Qínlínghuá

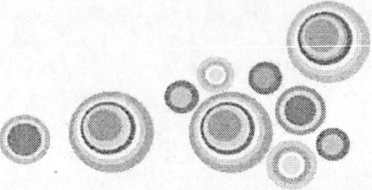

72. 화라경(华罗庚)의 눈을 감고 생각하는 독서방법

유명한 수학자 화라경(华罗庚)은 한 가지 특이한 읽기 방법이 있다. 그는 등불 아래에 책을 들고 처음부터 끝까지 한 글자씩 한 글자씩 읽지 않고 책 제목에 대해 잠시 생각했다. 생각한 후 불을 끄고 침대에 누워 눈을 감고 조용히 생각을 했다. 화라경은 만약 자신이 이 제목에 대해 글을 쓰게 되면 어떻게 쓸 것인가... 생각하고 나서 책을 펴 보고 작가가 쓴 것과 같은 생각이라면 그 책을 더이상 읽지 않았다. 원래 열흘이나 보름이나 걸려야 다 읽을 수 있었던 책을 그는 하룻밤에 다 읽을 수 있다.

——Qínlínghuá

72. 华罗庚的"闭目思考"读书法

著名数学家华罗庚有一种奇特的读书方法。他在灯下拿起一本书，不是从头至尾一句一字地读，而是对着书名思考片刻，然后熄灯躺在床上，闭目静思。他设想，这样一个题目，如果到了自己手里，应该怎样写……想完后打开书，如果作者写的和他的思路一样，他就不再读了。一本本来需要十天半月才能读完的书，他一夜两夜就读完了。

——秦灵华

Zhùmíng shùxué jiā huàluōgēng yǒu yì zhǒng qítè de dúshū fāngfǎ. Tā zài dēng xià ná qǐ yì běn shū, bùshì cóngtóu zhì wěi yíjù yí zì de dú, ér shì duìzhe shū míng sīkǎo piànkè, ránhòu xídēng tǎng zài chuángshàng, bì mù jìng sī. Tā shèxiǎng, zhèyàng yígè tímù, rúguǒ dàole zìjǐ shǒu lǐ, yīnggāi zěnyàng xiě……xiǎng wán hòu dǎkāi shū, rúguǒ zuòzhě xiě de hé tā de sīlù yíyàng, tā jiù bù zài dúle. Yì běn běnlái xūyào shí tiān bànyuè cáinéng dú wán de shū, tā yíyè liǎng yè jiùdú wánliǎo.

——Qínlínghuá

73. 다니엘의 "리스트"독서 방법

다니엘 웹스터는 집중을 유지할 수 있는 방법이 있다.

그는 책 한 권을 읽기 전에 목록을 한 번 보고 머리말을 한 번 읽으며 몇 페이지를 넘겼다. 그 후 이 책이 답하기를 바라는 질문, 그가 얻고 싶은 지식, 이 책이 그를 어디로 인도할 것이라는 표들을 열거한다.

이 세 개의 표는 그에게 완전한 책을 읽도록 지도하고 그의 주의를 고도로 집중하게 한다.

——Qínlínghuá

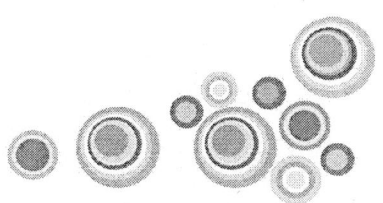

73. 丹尼尔的"列表"读书法

丹尼尔·韦伯斯特有他自己的集中注意力的方法：

他在读一本书之前，先看一遍目录，读一遍前言，再翻上几页。然后开列这样的几张表：他期望这本书能回答的问题；他期望阅读中得到的知识；这本书会把他引导到哪里去。

这三张表指导他读完全书，并使他的注意力高度集中。

——秦灵华

Daniel Webster yǒu tā zìjǐ de jízhōng zhùyì lì de fāngfǎ:

Tā zàidú yì běn shū zhīqián, xiān kàn yíbiàn mùlù, dú yíbiàn qiányán, zài fān shàng jǐ yè. Ránhòu kāiliè zhèyàng de jǐ zhāng biǎo: Tā qīwàng zhè běn shū néng huídá de wèntí; tā qīwàng yuèdú zhōng dédào de zhīshì; zhè běn shū huì bǎ tā yǐndǎo dào nǎlǐ qù.

Zhè sān zhāng biǎo zhǐdǎo tā dú wánquán shū, bìng shǐ tā de zhùyì lì gāodù jízhōng.

——Qínlínghuá

74. 마르크스의 "번갈기" 독서 방법

마르크스는 책상 앞에서 철학이나 정치, 경제학을 연구하여 피곤할 때 수학 문제를 풀거나 소파에 누워 소설과 시를 읽고 간혹 소설 두세 권을 동시에 펴놓고 번갈아 읽다는 독특한 독서 방법이 있다. 이런 방법은 독서 효율을 높일 수 있다.

"번갈기" 독서 방법은 뇌의 피로를 덜어주고 휴식을 얻게 한다. 독서 과정은 대뇌 피질이 긴장하게 일을 하는 과정으로 긴 시간 긴장하면 대뇌피질이 억제돼 독서효율이 떨어진다. 다양한 정보는 대뇌피질 다른 부위의 세포에 의해 전달되기 때문에 이 책을 읽는 것이 이 부분의 대뇌피질에 지쳤다. 다른 책을 바꿔 읽으면 대뇌피질은 휴식을 얻게 된다.

이렇게 대뇌피질 부위를 번갈아 사용하면 대뇌의 피로를 줄일 수 있다.

——Qínlínghuá

74. 马克思的"轮流"读书法

马克思有一种独特的读书法：当他在写字台前钻研哲学或政治经济学久而疲劳时，便演算起数学题，或躺在沙发上读小说、诗歌，而且间或两三本小说同时打开，轮流阅读。它的这种轮读法能提高读书效率。

轮读法能使大脑减少疲劳，得到休息。读书过程是大脑皮层紧张工作的过程，长时间地紧张工作，会使大脑皮层产生抑制，降低读书效率。由于各种不同信息是由大脑皮层不同部位的细胞来接受的，读这本书使这一部分的大脑皮层劳累了，而换读另一本书时，这一部分大脑皮层就获得了休息。

这样轮换使用大脑皮层的不同部位，就减少了大脑的劳累。

——秦灵华

Mǎkèsī yǒuyì zhǒng dútè de dúshū fǎ: Dāng tā zài xiězìtái qián zuānyán zhéxué huò zhèngzhì jīngjì xué jiǔ ér píláo shí, biàn yǎnsuàn qǐ shùxué tí, huò tǎng zài shāfā shàng dú xiǎoshuō, shīgē, érqiě jiànhuò liǎng sān běn xiǎoshuō tóngshí dǎkāi, lúnliú yuèdú. Tā de zhè zhǒng lún dú fǎ néng tígāo dúshū xiàolǜ.

Lún dú fǎ néng shǐ dànǎo jiǎnshǎo píláo, dédào xiūxí. Dúshū guòchéng shì dànǎo pícéng jǐnzhāng gōngzuò de guòchéng, cháng shíjiān de jǐnzhāng gōngzuò, huì shǐ dànǎo pícéng chǎnshēng yìzhì, jiàngdī dúshū xiàolǜ. Yóuyú gè zhǒng bùtóng xìnxī shì yóu dànǎo pícéng bùtóng bùwèi de xìbāo lái jiēshòu de, dú zhè běn shū shǐ zhè yíbùfèn de dànǎo pícéng láolèile, ér huàn dú lìng yì běn shū shí, zhè yíbùfèn dànǎo pícéng jiù huòdéle xiūxí.

Zhèyàng lúnhuàn shǐyòng dànǎo pícéng de bùtóng bùwèi, jiù jiǎnshǎole dànǎo de láolèi.

——Qínlínghuá

75. 책을 읽기 전에 작가의 전략을 이해해라.

책을 읽을 때 급하게 본문을 보지 말고 먼저 책의 목록, 머리말, 맺는말 등을 자세하게 연구해야 한다. 이들은 작가의 글쓰기 목적과 편집 의도를 나타나고 있으며 책의 창작 방향을 명시하고 있고 독자들이 책을 읽을 때 어떤 소망, 어떤 마음, 어떤 방법을 가져야 하는지를 지적하고 있다. 이는 독자들에게 독서 전략을 확립하는 데 큰 도움이 된다.

——Fán yǔ

목록을 읽을 때 우리는 작가처럼 생각하려고 시도하면 된다. 목록 중 하나를 보면 "작자가 이 부분에서 무엇을 이야기할까?" 라는 생각과 가설을 따라 움직인다. 이 과정에 뇌에 있는 많은 링크가 자동으로 열릴 것이다. 우리가 이런 생각을 가지고 읽을 면 뇌는 지식에 대한 수용력과 이해력이 크게 향상될 것이다.

——Shíwěihuá

75. 开始读书前,理解作者的战略

在阅读一本书时,首先不要急急忙忙地去翻阅正文,而应该研究一下书的目录、前言、后记,这些东西都具有提纲挈领的性质,一般反映了作者的写作意图和编辑意图,有的还明确指出了书的写作思路,指出了读者在阅读时应该有什么样的愿望、什么样的心境、什么样的方法。这对读者确定阅读战略是很有帮助的。

——凡禹

Zài yuèdú yì běn shū shí, shǒuxiān bùyào jí ji máng mang de qù fānyuè zhèngwén, ér yīnggāi yánjiū yíxià shū de mùlù, qiányán, hòujì, zhèxiē dōngxī dū jùyǒu tígāngqièlǐng dì xìngzhì, yìbān fǎnyìngle zuòzhě de xiězuò yìtú hé biānjí yìtú, yǒu de hái míngquè zhǐchūle shū de xiězuò sīlù, zhǐchūle dúzhě zài yuèdú shí yīnggāi yǒu shénme yàng de yuànwàng, shénme yàng de xīnjìng, shénme yàng de fāngfǎ. Zhè duì dúzhě quèdìng yuèdú zhànlüè shì hěn yǒu bāngzhù de.

——Fán yǔ

阅读目录时我们尝试像作者一样思考就可以了。看到目录中的某一条,就按自己的思路去思考和假设:"作者会在这个章节讲些什么呢?"有了这个过程,大脑中的很多链接就会自动打开。当我们带着这样的思考去阅读的时候,大脑对知识的接受能力和理解能力就会有很大程度的提升。

——石伟华

yuèdú mùlù shí wǒmen chángshì xiàng zuòzhě yíyàng sīkǎo jiù kěyǐle. Kàn dào mùlù zhōng de mǒu yìtiáo, jiù àn zìjǐ de sīlù qù sīkǎo hé jiǎshè:"Zuòzhě huì zài zhège zhāngjié jiǎng xiē shénme ne?" Yǒule zhège guòchéng, dànǎo zhōng de hěnduō liànjiē jiù huì zìdòng dǎkāi. Dāng wǒmen dàizhe zhèyàng de sīkǎo qù yuèdú de shíhòu, dànǎo duì zhīshì de jiēshòu nénglì hé lǐjiě nénglì jiù huì yǒu hěn dà chéngdù de tíshēng.

——Shíwěihuá

76. 책에서 마음을 울리는 점을 찾아라.

나는 마인드맵을 그리지 않고 정리에도 애쓰지 않는다. 책을 읽을 때 내가 해야 할 유일한 것은 바로 마음을 울리는 점을 찾는 것이다.

나는 마음을 건드리는 곳에 표시를 하고 여백에 연상되는 많은 생각을 적는다. 책을 읽고 나면 며칠씩 놓고 "이 책에서 내 마음을 가장 건드리는 곳이 뭐냐"고 묻는다.

특정 부분이 이론과 사례, 심지어 한 마디로 나의 마음을 진정으로 건드려서 실제적인 변화를 일으킬 수 있는 한 이 책을 매우 훌륭하다고 여긴다. 다른 것을 잊어버려도 나는 아까워하지 않을 것이다. 저자의 지적 시스템과 프레임이 나와 무슨 관계가 있을까?

——Zhōu lǐng

76. 寻找一本书的触动点

我读书从来不画思维导图，也不会刻意梳理。在阅读时，我唯一要做的事情就是：寻找触动点。

我会在触动自己的地方做标记，在空白处写下大量能联想到的思考，书读完之后，我会放上几天，然后问自己："这本书最触动自己的是哪个点？"

这个点可以是一个理论、一个案例，甚至是一句话，只要它真正触动我，并能让我发生真实的改变，我就认为这本书超值了，至于其他，忘记就忘记了，我一点也不觉得可惜。而作者的知识体系和框架，又与我何干呢？

——周岭

Wǒ dúshū cónglái bú huà sīwéi dǎo tú, yě bú huì kèyì shūlǐ. Zài yuèdú shí, wǒ wéiyī yào zuò de shìqíng jiùshì: Xúnzhǎo chùdòng diǎn.

Wǒ huì zài chùdòng zìjǐ dì dìfāng zuò biāojì, zài kòngbái chù xiě xià dàliàng néng liánxiǎng dào de sīkǎo, shū dú wán zhīhòu, wǒ huì fàng shàng jǐ tiān, ránhòu wèn zìjǐ:"Zhè běn shū zuì chùdòng zìjǐ de shì nǎge diǎn?"

Zhège diǎn kěyǐ shì yígè lǐlùn, yígè ànlì, shènzhì shì yíjù huà, zhǐyào tā zhēnzhèng chùdòng wǒ, bìng néng ràng wǒ fāshēng zhēnshí de gǎibiàn, wǒ jiù rènwéi zhè běn shū chāo zhíle, zhìyú qítā, wàngjì jiù wàngjìle, wǒ yìdiǎn yě bù juédé kěxí. Ér zuòzhě de zhīshì tǐxì hé kuàngjià, yòu yǔ wǒ hé gàn ne?

——Zhōu lǐng

77. 읽기의 두 가지 방법: 소리 내어 읽기와 눈으로 읽기

우리는 읽기를 소리 내어 읽기와 눈으로 읽기 두 가지로 나눈다. 소리 내어 읽기란 책을 읽는 과정에서 눈으로 글자를 본 뒤 뇌에서 발성기관이 보는 글자를 읽고 청각기관은 우리가 글자를 읽고 표현하는 뜻을 이해해 뇌에 전달하는 것이다. 이런 방식을 소리 내어 읽기라고 한다.

눈으로 읽기란 눈이 글자를 보고 뇌에 직접 전달해 글자를 이해하는 것으로 중간에 소리로 읽고 듣는 과정이 생략된다. 이런 방식을 눈으로 읽기라고 한다.

우리는 비교적 직관적이고 이해하기 쉬운 통속적인 표현으로 전한다. 소리 내어 읽기란 책을 읽을 때 소리가 나지 않으면 책에 무엇이 쓰여 있는지 모르는 것을 의미한다. 조금 과장된 것 같지만 그런 뜻이다. 이러한 표현은 특별히 정확하지 않으나 이해하기 쉽다.

눈으로 읽기는 눈으로 글자를 한 번 보면 바로 이해된다는 뜻이다. 빠른 읽기가 추구하는 정도이지만 글로 표현하기는 좀 어려운데 전문적인 표현으로는 "뇌 내에 소리 내는 현상도 없어지다" 는 것이다.

——shíwěihuá

77. 阅读的两种方法：声读和视读

我们把阅读分为两种：声读和视读。所谓声读，就是在阅读过程中，通过眼睛看到文字，然后大脑中发声器官读出我们看到的文字，听觉器官听到我们读出文字后理解文字所表达的意思再传达给大脑。这种方式称为声读。

所谓视读，就是眼睛看到文字直接传给大脑并理解文字表达的意思，省略了中间读出声和听到声音的过程。这种方式称为视读。

我们换个比较直观的容易理解的通俗的说法。所谓声读，就是在看书的时候，自己不读出声音就不明白书上写的是什么。有点夸张，但差不多就这意思。这样表达虽然不是特别准确，但容易理解。

而视读，就是眼睛扫过就能理解文字的意思。这也是快速阅读追求的一个境界，但是想要通过文字表达明白有点难，用专业的说法就是"脑内发声现象也没有了"

——石伟华

wǒmen bǎ yuèdú fēn wéi liǎng zhǒng: Shēng dú hé shì dú. Suǒwèi shēng dú, jiùshì zài yuèdú guòchéng zhōng, tōngguò yǎnjīng kàn dào wénzì, ránhòu dànǎo zhōng fāshēng qìguān dú chū wǒmen kàn dào de wénzì, tīngjué qìguān tīng dào wǒmen dú chū wénzì hòu lǐjiě wénzì suǒ biǎodá de yìsi zài chuándá gěi dànǎo. Zhè zhǒng fāngshì chēng wèi shēng dú.

Suǒwèi shì dú, jiùshì yǎnjīng kàn dào wénzì zhíjiē chuán gěi dànǎo bìng lǐjiě wénzì biǎodá de yìsi, shěnglüèle zhōngjiān dú chū shēng hé tīng dào shēngyīn de guòchéng. Zhè zhǒng fāngshì chēng wèi shì dú.

wǒmen huàngè bǐjiào zhíguān de róngyì lǐjiě de tōngsú de shuōfǎ.Suǒwèi shēng dú, jiùshì zài kànshū de shíhòu, zìjǐ bù dú chū shēngyīn jiù bù míngbái shū shàng xiě de shì shénme. Yǒudiǎn kuāzhāng, dàn chàbùduō jiù zhè yìsi. Zhèyàng biǎodá suīrán búshì tèbié zhǔnquè, dàn róngyì lǐjiě.

Ér shì dú, jiùshì yǎnjīng sǎoguò jiù néng lǐjiě wénzì de yìsi. Zhè yěshì kuàisù yuèdú zhuīqiú de yígè jìngjiè, dànshì xiǎng yào tōngguò wénzì biǎodá míngbái yǒudiǎn nán, yòng zhuānyè de shuōfǎ jiùshì "nǎo nèi fāshēng xiànxiàng yě méiyǒule"——shíwěihuá

78. 소리를 없애면 읽기 속도를 높일 수 있다.

　　가장 은밀한 음독은 책을 읽는 동안 입술이 움직이지 않고 성대가 진동하지 않지만 뇌에서 소리를 관리하는 분야가 활성화되어 있다는 것이다. 이 상태를 음독 라고 부르기도 한다.

　　뷰독은 무엇인가? 읽는 과정에서 눈이 페이지에 있는 글자를 보고 뇌가 이해할 수 있는 것으로 전환된다는 뜻이다.

　　과학 연구에 따르면 사람들의 눈에 글자를 포착될 수 있는 최고 한계는 대략 120만 자/분이다. 사람의 입이 음절을 읽어낼 수 있는 최고 속도는 초당 10음절(즉 600음절/분) 정도로 더 이상 빠를 수 없다. 이 차이는 무척 크다.

　　그래서 음독하는 습관을 고치지 않으면 가장 빠른 속도로도 1분당 600자씩 읽는다. 그러면 어떻게 하면 이 습관을 고치고 소리 내어 읽기에서 눈으로 읽기로 바꿀 수 있을까? 이 문제는 속독 영역에 소음(소음이라고 부르는 사람도 있고 묵념을 잘라 내기라고 부르는 사람도 있다)이라는 전문적인 표현이 있다.

——Shíwěihuá

78. 消声能提高阅读速度

最隐蔽的声读就是在阅读的过程中，虽然我们嘴唇并没有动作，声带也没有发生振动，但是脑内掌管发声的区域仍然处于活跃状态。这种状态也称之为声读。

视读是什么？它是指在阅读的过程中，眼睛看到页面上的文字，可以直接转化成大脑能够理解的意思。

据科学研究，人的眼睛能够捕捉到字符的最高极限大约是120万字/分钟。而人的嘴巴所能读出音节的最高速度应该是每秒10个音节（即600音节/分钟）左右，不可能再快了。这个差别也太大了。

所以，如果不改掉声读的习惯，那么阅读的速度最快也就每分钟600字了。那究竟如何才能改掉这个习惯，让自己能够做到由声读变为视读呢？这个问题在快速阅读领域有个专业的说法叫消声（也有些人把它叫消音，也有人把它叫割除默念）。——石伟华

Zuì yǐnbì de shēng dú jiùshì zài yuèdú de guòchéng zhōng, suīrán wǒmen zuǐchún bìng méiyǒu dòngzuò, shēngdài yě méiyǒu fāshēng zhèndòng, dànshì nǎo nèi zhǎngguǎn fāshēng de qūyù réngrán chǔyú huóyuè zhuàngtài. Zhè zhǒng zhuàngtài yě chēng zhī wèi shēng dú.

Shì dú shì shénme? Tā shì zhǐ zài yuèdú de guòchéng zhōng, yǎnjīng kàn dào yèmiàn shàng de wénzì, kěyǐ zhíjiē zhuǎnhuà chéng dànǎo nénggòu lǐjiě de yìsi.

Jù kēxué yánjiū, rén de yǎnjīng nénggòu bǔzhuō dào zìfú de zuìgāo jíxiàn dàyuē shì 120 wànzì/fēnzhōng. Ér rén de zuǐbā suǒ néng dú chū yīnjié de zuìgāo sùdù yīnggāi shì měi miǎo 10 gè yīnjié (jí 600 yīnjié/fēnzhōng) zuǒyòu, bù kěnéng zài kuàile. Zhège chābié yě tài dàle.

Suǒyǐ, rúguǒ bù gǎi diào shēng dú de xíguàn, nàme yuèdú de sùdù zuì kuài yě jiù měi fēnzhōng 600 zìle. Nà jiùjìng rúhé cáinéng gǎi diào zhège xíguàn, ràng zìjǐ nénggòu zuò dào yóu shēng dú biàn wèi shì dú ne? Zhège wèntí zài kuàisù yuèdú lǐngyù yǒu gè zhuānyè de shuōfǎ jiào xiāo shēng (yěyǒuxiē rén bǎ tā jiào xiāoyīn, yě yǒu rén bǎ tā jiào gēchú mòniàn).——Shíwěihuá

79. 수출은 수입을 되밀어낸다

수출이란 남에게 알려주는 것과 쓰는 것을 두 가지 포함하고 있다. 먼저 수출을 전제로 하고 읽기(수입)를 하면 매우 효율적이다.

——Dàyán jùn zhī

수출은 수입을 되밀어낸다. 사람은 30세가 되면 학습자만 되어서는 안 되며 자신의 업무 성과를 수출하고 남에게 가치 있는 내용을 수출할 수 있는 수출자가 되어야 한다.

——Qiū yè

지식 관리의 최고 경지는 수출이다. 글쓰기 수출과 다른 사람을 가르치는 것도 포함한다.

——Zhào zhōu

79. 输出倒逼输入

所谓的输出，包括向他人讲述和写下来两个层面，以输出为前提，再去阅读（输入），就会非常有效率。

——大岩俊之

Suǒwèi de shūchū, bāokuò xiàng tārén jiǎngshù hé xiě xiàlái liǎng gè céngmiàn, yǐ shūchū wèi qiántí, zài qù yuèdú (shūrù), jiù huì fēicháng yǒu xiàolǜ.

——Dàyán jùn zhī

输出倒逼输入。一个人到了30岁，就不能只是一个学习者，还必须是一个很好的输出者，输出自己的工作成果，输出对别人有价值的内容。

——秋叶

Shūchū dào bī shūrù. Yígè rén dàole 30 suì, jiù bùnéng zhǐshì yígè xuéxí zhě, hái bìxū shì yígè hěn hǎo de shūchū zhě, shūchū zìjǐ de gōngzuò chéngguǒ, shūchū duì biérén yǒu jiàzhí de nèiróng.——Qiū yè

知识管理的最高境界是输出，包括写作输出和教会别人。——赵周

Zhīshì guǎnlǐ de zuìgāo jìngjiè shì shūchū, bāokuò xiězuò shūchū hé jiāohuì biérén.——Zhào zhōu

80. 쓰는 게 중요하다.

조사 결과에 따르면 자신의 생각을 적는 것은 우리 자신이 숨기고 있는 특정한 재능을 불러일으키는 데도 도움이 된다고 나타났다. 1920년대 연구학자 캐서린 코커는 역사에서 300여명의 '천재'에 대해 조사를 한 적이 있다. 그 결과는 천재들이 공통적으로 갖고 있는 행동이 친구나 가족에게 편지를 통해 자신의 생각을 전달하는 경향이 있다는 것을 알게 되었다.

——dù biān kānghóng

산업화 사회에서는 효율성이 제일이다. 정보화 사회에서 "속도"는 모든 것을 의미한다. 오늘날 "정보화 사회"에서 "지식창출형 사회"로 넘어가고 있다. 성과를 거두려면 먼저 많은 정보를 수집해야 하고 지식 창출 작업을 한다. 즉 읽기를 통해 정보를 받고 사람마다 다른 돌파구에서 이해하고 지식으로 바꿈으로써 성과를 낼 수 있을 것이다.

숙독, 정독은 얻게 되는 "정보"를 자신이 가진 "지식"으로 바꾸는 것이다. 오직 독립적인 "생각"이나 "지식"만이 가치가 있다. 만약 이 "지식"이 시장의 수요에도 부합한다면 더욱 큰 가치가 있을 것이다.

——Yasuhiro Watanabe

80. 写出来很重要！！

调查结果显示，将自己的想法写出来，也有助于激发我们自身所隐藏的某些才能。20世纪20年代的研究学者凯瑟琳·考克，曾对历史上的300多名"天才"进行过一次调查。结果发现，这些"天才"所共有的一个行为，就是都会倾向于通过书信的方式，向自己的朋友或家人来表达自己的想法——渡边康弘

Diàochá jiéguǒ xiǎnshì, jiāng zìjǐ de xiǎngfǎ xiě chūlái, yěyǒu zhù yú jīfā wǒmen zìshēn suǒ yǐncáng de mǒu xiē cáinéng.20 Shìjì 20 niándài de yánjiū xuézhě kǎisèlín·kǎo kè, céng duì lìshǐ shàng de 300 duō míng "tiāncái" jìnxíngguò yícì tiáo chá. Jiéguǒ fāxiàn, zhèxiē "tiāncái" suǒ gòngyǒu de yígè xíngwéi, jiùshì dūhuì qīngxiàng yú tōngguò shūxìn de fāngshì, xiàng zìjǐ de péngyǒu huò jiārén lái biǎodá zìjǐ de xiǎngfǎ——dù biān kānghóng

在工业化（产业化）社会，讲求的是效率至上。在信息化社会，"速度"则意味着一切。而如今，我们正在从"信息化社会"向"知识创造型社会"过渡。我们要想取得成果，必须事先搜集大量的信息，然后再进行知识创造的工作。即将通过阅读获得的信息，每个人从不同的切入口进行理解并将其知识化，从而产生成果。

熟读、精读就是要将获得的"信息"转变成自己掌握的"知识"。只有你自己独立的"想法"或"知识"才具有价值。如果这个"知识"还能契合市场的需求，那么将更具价值。——渡边康弘

Zài gōngyèhuà (chǎnyè huà) shèhuì, jiǎngqiú de shì xiàolǜ zhìshàng. Zài xìnxī huà shèhuì, "sùdù" zé yìwèizhe yíqiè. Ér rújīn, wǒmen zhèngzài cóng "xìnxī huà shèhuì" xiàng "zhīshì chuàngzào xíng shèhuì" guòdù. Wǒmen yào xiǎng qǔdé chéngguǒ, bìxū shìxiān sōují dàliàng de xìnxī, ránhòu zài jìnxíng zhīshì chuàngzào de gōngzuò. Jíjiāng tōngguò yuèdú huòdé de xìnxī, měi gèrén cóng bùtóng de qiē rùkǒu jìnxíng lǐjiě bìng jiāng qí zhīshì huà, cóng'ér chǎnshēng chéngguǒ.

Shú dú, jīngdú jiùshì yào jiāng huòdé de "xìnxī" zhuǎnbiàn chéng zìjǐ zhǎngwò de "zhīshì". Zhǐyǒu nǐ zìjǐ dúlì de "xiǎngfǎ" huò "zhīshì" cái jùyǒu jiàzhí. Rúguǒ zhège "zhīshì" hái néng qìhé shìchǎng de xūqiú, nàme jiāng gèng jù jiàzhí.——Yasuhiro Watanabe

81. 독서모임에 나가라.

혼자서 독서하면 늘 심심하다. 솔직히 나도 혼자 읽기에는 익숙하지 않는다. 앞서 말했듯이 만약 대화할 수 있는 친구가 있다면 학습을 촉진할 것이다. 그래서 대화할 수 있는 친구를 사귀고 싶다면 공부 모임나 독서 모임 같은 활동에 많이 참석하는 것을 추천한다. 독서 모임과 학습 모임의 세 가지 좋은 것은 뜻이 맞는 친구를 만날 수 있고 남에서부터 자신과 다른 관점을 배울 수 있으며 우리가 배운 것을 교류하고 공유할 수 있다는 것이다.

——Yasuhiro Watanabe

"가르침"은 가장 좋은 "공부"이다. 한 일을 네가 분명하게 말할 수 없다면 너는 아직 완전히 이해하지 못하는 것이다. 물론 가르침의 가장 높은 경지는 가장 간결한 말로 문외한이 네가 말하는 것을 이해하게 하는 것이다.

——Liúwèipéng

梦想中国语　名人名言

81. 参加读书会

一个人读书总是比较枯燥的。老实说，我也还没习惯独自一人的阅读方式。就像前面说过的那样，如果你能有一个可以交流的朋友，那将会促进你的学习。所以，如果你也想找到可以交流的朋友的话，我推荐你多去参加学习会或读书会这样的活动。参加读书会、学习会的三个好处·能结识志同道合的朋友。·能从他人那里了解到与自己不同的观点。·交流分享我们所学到的东西。

——渡边康弘

Yígè rén dúshū zǒng shì bǐjiào kūzào de. Lǎoshí shuō, wǒ yě hái méi xíguàn dúzì yìrén de yuèdú fāngshì. Jiù xiàng qiánmiàn shuōguò dì nàyàng, rúguǒ nǐ néng yǒu yígè kěyǐ jiāoliú de péngyǒu, nà jiāng huì cùjìn nǐ de xuéxí. Suǒyǐ, rúguǒ nǐ yě xiǎng zhǎodào kěyǐ jiāoliú de péngyǒu dehuà, wǒ tuījiàn nǐ duō qù cānjiā xuéxí huì huò dúshū huì zhèyàng de huódòng. Cānjiā dúshū huì, xuéxí huì de sān gè hǎochù·néng jiéshì zhìtóngdàohé de péngyǒu.·Néng cóng tārén nàlǐ liǎojiě dào yǔ zìjǐ bùtóng de guāndiǎn.·Jiāoliú fēnxiǎng wǒmen suǒ xué dào de dōngxi.

——Yasuhiro Watanabe

"教"是最好的"学"，如果一件事情你不能讲清楚，十有八九你还没有完全理解。当然，教的最高境界是用最简洁的话让一个外行人明白你讲的东西。

——刘未鹏

"Jiāo" shì zuì hǎo de "xué", rúguǒ yí jiàn shìqíng nǐ bùnéng jiǎng qīngchǔ, shí yǒu bājiǔ nǐ hái méiyǒu wánquán lǐjiě. Dāngrán, jiāo de zuìgāo jìngjiè shì yòng zuì jiǎnjié dehuà ràng yígè wàiháng rén míngbái nǐ jiǎng de dōngxī.——Liúwèipéng

82. 잠재 의식을 일하게 해라.

인류의 뇌는 대단해 보이지만 의식이 처리할 수 있는 정보의 양은 평균 7±2 개로 많지 않다. 많은 사람도 있고 적은 사람도 있지만 모두 7 개 안팎을 떠돌고 있다.

———Zhōu lǐng

잠재의식이 일을 하게 하려면 맑은 의식을 꺼야 한다. 즉 전의 일을 깨끗이 잊어버리는 조건이 충족돼야 한다.

똑똑해지는 비결은 강한 집중력을 유지하고 답이 생각나지 않을 때 이와 상관없는 다른 일에 집중하는 것이다. 다시 말하자면 사전에 정신을 집중해 의식을 극도로 몰입하게 하고 사후에 완전히 잊어버려 의식을 완전히 손을 떼게 하는 것이다. 그렇게 하면 영감과 답이 확률적으로 나온다.

———Zhōu lǐng

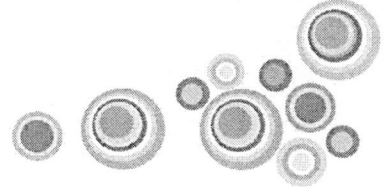

82. 让潜意识工作

人类的大脑看起来很厉害，但意识所能处理的信息数量并不多，平均为 7±2 个，有的人多些，有的人少些，但都在 7 个左右浮动。

——周岭

Rénlèi de dànǎo kàn qǐlái hěn lìhài, dàn yìshí suǒ néng chǔlǐ de xìnxī shùliàng bìng bù duō, píngjūn wèi 7±2 gè, yǒu de rén duō xiē, yǒu de rén shǎo xiē, dàn dōu zài 7 gè zuǒyòu fúdòng.

——Zhōu lǐng

想让潜意识工作必须满足一个条件，就是彻底关闭清醒的"意识"，即彻底忘掉原来那件事。

变聪明的秘诀就是：先保持极度专注，想不出答案时再将注意力转换到另一件与此毫不相干的事情上。即事前聚精会神，让意识极度投入；事后完全忘记，让意识彻底撒手。这样，灵感和答案就会大概率地出现。

——周岭

Xiǎng ràng qiányìshí gōngzuò bìxū mǎnzú yígè tiáojiàn, jiùshì chèdǐ guānbì qīngxǐng de "yìshí", jí chèdǐ wàngdiào yuánlái nà jiàn shì.

Biàn cōngmíng de mìjué jiùshì: Xiān bǎochí jídù zhuānzhù, xiǎng bù chū dá'àn shí zài jiāng zhùyì lì zhuǎnhuàn dào lìng yí jiàn yǔ cǐ háo bù xiānggān de shìqíng shàng. Jí shìqián jùjīnghuìshén, ràng yìshí jídù tóurù; shìhòu wánquán wàngjì, ràng yìshí chèdǐ sāshǒu. Zhèyàng, línggǎn hé dá'àn jiù huì dà gàilǜ de chūxiàn.

——Zhōu lǐng

83. 뇌는 어떻게 정보를 저장하는가?

뇌가 정보를 저장하는 법칙 중 하나는 정보를 기억하려면 이를 기존의 지식 네트워크와 결합시켜야 한다는 것이다. 그렇지 않으면 아무리 많은 정보라도 우리의 머리속에서 아무런 규정도 없이 떠돌게 될 뿐이며 학습에 쓰이는 시간도 헛되이 낭비하게 된다.

이 규칙은 결국 사람 뇌의 작동 원리에서 생겨난 것이다. 사람마다 뇌에는 신경원 천억 개가 있다. 즉 우리가 평소에 부르는 뇌세포이다. 각 신경원에는 수만 개의 신경 수상돌기가 있고 다른 뇌세포와 연결되어 있다.

이 뇌세포들의 수량이 매우 많지만 사람의 사고력은 신경원의 수와 직접적 관계가 없다. 결정적인 역할을 하는 것은 신경원 간의 연결의 밀집 정도이다. 인체 어느 기관의 신경망이 가장 밀집되어 있고 그 기관이 가장 똑똑하다고 말할 수 있다. 만약 어느 부위에 매우 적은 신경만 연결되어 있다면 신경 반사의 경로가 아직 충분히 발전되지 못하고 효과적으로 정보를 전달할 수 없음을 의미한다. 특히 주목할 만한 것은 새로운 신경 연계는 기존의 네트워크의 기초 위에서만 세울 수 있고 아무런 까닭도 없이 고립적인 신경 수상돌기가 자라날 수 없다는 점이다.

사람의 뇌 속의 신경 연결은 거미줄 위의 실과 같는데 새로운 정보를 받을 때마다 거미가 또 하나의 새로운 실을 짜는 것과 같다. 또한 신경 수상돌기의 성장 법칙과 마찬가지로 새로운 실은 반드시 기존의 네트워크에 연결되어야 한다. 기존 네트워크에 고정되지 않으면 갓 짠 실이 바람에 날릴 것 같다. 거미줄은 완전히 대칭적이지 않고, 우리 지식 네트워크도 마찬가지다. 빽빽하게 짜인 곳은 우리가 비교적 익숙한 영역에 해당하며 우리가 이미 일부분 구체적인 지식을 파악하고 그 특정 분야에 대한 지식이 비교적 풍부하며 문제 처리 능력도 비교적 강하다는 것을 설명한다. 이런 부분은 우리의 특기일 수도 있고 장기적인 취미일 수도 있다. 많은 기초 지식이 있다면 연결할 수 있는 신경 수상돌기의 기수가 더욱 크므로 우리는 이런 분야에서 새로운 지식을 더욱 쉽게 배울 수 있고 또 이를 기존의 지식망 속에 결부시킬 수 있다. 반면에 엉성하게 짜인 곳은 우리가 이 분야에 대한 지식의 결핍이 비교적 크며 심지어 그 기본적인 상식조차도 아직 파악하지 못하고 있다는 것을 의미한다.

　이런 상황이 나타나게 된 원인은 대부분이 부분의 지식이 우리의 학습 또는 사업과 별로 관련이 없거나 혹은 우리가 이 분야에 대하여 아무런 관심이 없기 때문이다.——Christian Grüning

83. 大脑如何存储信息？

大脑存储信息的一条规律是：要想记住一条信息，必须将其与既有的知识网络结合在一起。否则，再多的信息也只能在我们的脑海里毫无章法地飘来飘去，用在学习上的时间也就白白浪费了。

这个规律归根结底还是来源于人脑的运作原理。每个人的大脑都有上千亿个神经元，也就是我们平时所说的脑细胞。每个神经元上都有上万个神经树突，与其他脑细胞相连。

虽然这些脑细胞的数量极其庞大，但一个人的思维能力与神经元的绝对数量并无直接关系，起决定性作用的反而是神经元之间连接的密集程度。可以说，人体哪个器官的神经网络最密集，哪个器官就最聪明。如果某个部位只有很少的神经连接，那就表明神经反射的途径还没有得到充分发展，无法高效地传递信息。最值得一提的是，新的神经连接只能建立在既有网络的基础上，凭空长出一个孤立的神经树突是不可能的。

人脑中的神经连接好比蜘蛛网上的丝，每接收到一条新信息，就相当于蜘蛛又织出了一条新的丝。而且，与神经树突的生长规律一样，新的丝必须连接在既有的网上。如果没有固定在既有的网上，刚织好的丝就会随风飘走。蜘蛛网都不是完全对称的，我们的知识网络同样如此。织得密密麻麻的地方相当于我们相对熟悉的领域，说明我们已经掌握了一些具体的知识，在那个特定领域的知识较为丰富，处理问题的能力也较强。这些部分可能是我们的专长，也可能是一个长期的兴趣。有了较多的基础知识，既有的可供连接的神经树突的基数也更大，我们在这些领域就能够更加轻松地学习新知识，并且将其结合到既有的知识网络当中。与之相反，织得疏松一些的地方代表我们在这个领域的知识仍有较大的欠缺，甚至连最基本的常识都尚未掌握。

这种情况的出现，多半是因为这部分知识和我们的学习或工作的关联不大，或者是我们对该领域毫无兴趣。——Christian Grüning

梦想中国语 名人名言

　　Dànǎo cúnchú xìnxī de yītiáo guīlǜ shì: Yào xiǎng jì zhù yītiáo xìnxī, bìxū jiāng qí yǔ jì yǒu de zhīshì wǎngluò jiéhé zài yīqǐ. Fǒuzé, zài duō de xìnxī yě zhǐ néng zài wǒmen de nǎohǎi lǐ háo wú zhāngfǎ de piāo lái piāo qù, yòng zài xuéxí shàng de shíjiān yě jiù báibái làngfèile.

　　Zhège guīlǜ guīgēnjiédǐ háishì láiyuán yú rén nǎo de yùnzuò yuánlǐ. Měi gèrén de dànǎo dōu yǒu shàng qiān yì gè shénjīng yuán, yě jiùshì wǒmen píngshí suǒ shuō de nǎo xìbāo. Měi gè shénjīng yuán shàng dū yǒu shàng wàn gè shénjīng shù tū, yǔ qítā nǎo xìbāo xiānglián.

　　Suīrán zhèxiē nǎo xìbāo de shùliàng jíqí pángdà, dàn yīgè rén de sīwéi nénglì yǔ shénjīng yuán de juéduì shùliàng bìng wú zhíjiē guānxì, qǐ juédìngxìng zuòyòng de fǎn'ér shì shénjīng yuán zhī jiān liánjiē de mìjí chéngdù. Kěyǐ shuō, réntǐ nǎge qìguān de shénjīng wǎngluò zuì mìjí, nǎge qìguān jiù zuì cōngmíng. Rúguǒ mǒu gè bùwèi zhǐyǒu hěn shǎo de shénjīng liánjiē, nà jiù biǎomíng shénjīng fǎnshè de tújìng hái méiyǒu dédào chōngfèn fāzhǎn, wúfǎ gāoxiào de chuándì xìnxī. Zuì zhídé yī tí de shì, xīn de shénjīng liánjiē zhǐ néng jiànlì zài jì yǒu wǎngluò de jīchǔ shàng, píngkōng zhǎng chū yīgè gūlì de shénjīng shù tū shì bù kěnéng de.

　　Rén nǎo zhōng de shénjīng liánjiē hǎobǐ zhīzhū wǎngshàng de sī, měi jiēshōu dào yītiáo xīn xìnxī, jiù xiāngdāng yú zhīzhū yòu zhī chūle yītiáo xīn de sī. Érqiě, yǔ shénjīng shù tū de shēngzhǎng guīlǜ yíyàng, xīn de sī bìxū liánjiē zài jì yǒu de wǎngshàng. Rúguǒ méiyǒu gùdìng zài jì yǒu de wǎngshàng, gāng zhī hǎo de sī jiù huì suí fēng piāo zǒu. Zhīzhū wǎng dōu búshì wánquán duìchèn de, wǒmen de zhīshì wǎngluò tóngyàng rúcǐ. Zhī dé mìmimámá de dìfāng xiāngdāng yú wǒmen xiāngduì shúxī de lǐngyù, shuōmíng wǒmen yǐjīng zhǎngwòle yīxiē jùtǐ de zhīshì, zài nàgè tèdìng lǐngyù de zhīshì jiàowéi fēngfù, chǔlǐ wèntí de nénglì yě jiào qiáng. Zhèxiē bùfèn kěnéng shì wǒmen de zhuāncháng, yě kěnéng shì yīgè chángqí de xìngqù. Yǒule jiào duō de jīchǔ zhīshì, jì yǒu de kě gōng liánjiē de shénjīng shù tū de jīshù yě gèng dà, wǒmen zài zhèxiē lǐngyù jiù nénggòu gèngjiā qīngsōng de xuéxí xīn zhīshì, bìngqiě jiāng qí jiéhé dào jì yǒu de zhīshì wǎngluò dāngzhōng. Yǔ zhī xiāngfǎn, zhī dé shūsōng yīxiē de dìfāng dàibiǎo wǒmen zài zhège lǐngyù de zhīshì réng yǒu jiào dà de qiànquē, shènzhì lián zuì jīběn de chángshì dōu shàngwèi zhǎngwò.

　　Zhè zhǒng qíngkuàng de chūxiàn, duōbàn shì yīnwèi zhè bùfèn zhīshì hé wǒmen de xuéxí huò gōngzuò de guānlián bú dà, huòzhě shì wǒmen duì gāi lǐngyù háo wú xìngqù. ——Christian Grüning

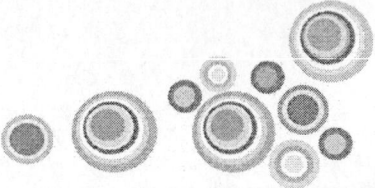

84. 뇌는 집중이 필요하다

뇌는 대단히 부지런한 컴퓨터다. 일단 자원이 과하면 뇌는 백그라운드에서 자동으로 유휴공간으로 다른 정보를 처리하여 우리 하여금 백일몽을 꾸게 한다.

다시 말해 만약 읽기 속도가 뇌의 정보 처리 속도를 따라잡지 못한다면 과잉 자원은 미래의 필요를 위해 절약될 수 없을 뿐만 아니라 오히려 다른 중요하지 않은 곳에 사용되어 주의력을 분산시킬 수 있다.

그리고 대다수의 경우에 우리가 터무니없는 생각은 그때 읽던 내용과 상관없다. 우리는 지난 주말 스키를 탔을 때의 즐거운 시간을 회상하거나 어제 밤에 놀았을 때를 회상한다.

——Christian Grüning

84. 大脑需要集中

人脑是一台异常勤奋的计算机，一旦出现资源过剩的情况，它就会在后台自动调用闲置空间来处理其他信息，让我们做起了白日梦。

换句话说，如果你的阅读速度赶不上大脑处理信息的速度，过剩的资源非但不能节约下来以备日后之需，反而还会被用到其他无关紧要的地方，分散你的注意力。

而且，在绝大多数情况下，我们胡思乱想的内容都与当时的阅读内容无关。我们要么回想上个周末滑雪时的快乐时光，要么回忆昨天晚上玩耍的情景。

——Christian Grüning

Rén nǎo shì yì tái yìcháng qínfèn de jìsuànjī, yídàn chūxiàn zīyuán guòshèng de qíngkuàng, tā jiù huì zài hòutái zìdòng tiáo yòng xiánzhì kōngjiān lái chǔlǐ qítā xìnxī, ràng wǒmen zuò qǐle bái rì mèng.

Huàn jù huàshuō, rúguǒ nǐ de yuèdú sùdù gǎnbushàng dànǎo chǔlǐ xìnxī de sùdù, guòshèng de zīyuán fēidàn bùnéng jiéyuē xiàlái yǐ bèi rìhòu zhī xū, fǎn'ér hái huì bèi yòng dào qítā wúguān jǐnyào dì dìfāng, fēnsàn nǐ de zhùyì lì.

Érqiě, zài jué dà duōshù qíngkuàng xià, wǒmen húsīluànxiǎng de nèiróng dōu yǔ dāngshí de yuèdú nèiróng wúguān. Wǒmen yàome huíxiǎng shàng gè zhōumò huáxuě shí de kuàilè shíguāng, yàome huíyì zuótiān wǎnshàng wánshuǎ de qíngjǐng.

——Christian Grüning

85. 뇌는 어떻게 기억하는가

뇌는 읽기를 통해 얻은 정보가 10%, 듣는 정보가 20%, 그림이나 그래프에서 얻은 정보가 30%, 들으면서 보면 약 50%가 기억될 수 있다. 수동적으로 받은 후에 다른 사람에게 한 번 더 이야기하면 약 70%, 실제로 응용하면 약 90%를 기억할 수 있다.

——Christian Grüning

글쓰기란 다른 자신을 발견하는 것이다. 글쓰기는 생각 속에 있는 그 모르는 자신을 발굴한다. 글을 쓰는 것은 영원히 상이한 사람과 만나는 것이다.

——(Fǎ)Blanchot

85. 大脑如何记忆？

通过阅读得来的信息，人脑大约能记住10%；听来的信息，大约能记住20%；从图片或图表中获取的信息，大约能记住30%；边听边看的话，大约能记住50%；如果在被动接收以后，又向其他人主动讲述一遍，大约可以记住70%；如果经过实际应用，大约能记住90%。

——Christian Grüning

Tōngguò yuèdú dé lái de xìnxī, rén nǎo dàyuē néng jì zhù 10%; tīng lái de xìnxī, dàyuē néng jì zhù 20%; cóng túpiàn huò túbiǎo zhōng huòqǔ de xìnxī, dàyuē néng jì zhù 30%; biān tīng biān kàn dehuà, dàyuē néng jì zhù 50%; rúguǒ zài bèidòng jiēshōu yǐhòu, yòu xiàng qítā rén zhǔdòng jiǎngshù yíbiàn, dàyuē kěyǐ jì zhù 70%; rúguǒ jīngguò shíjì yìngyòng, dàyuē néng jì zhù 90%.

——Christian Grüning

所谓写作，就是要发现异己。把思想里面那个不认识的自己发掘出来，写作永远是遭遇一个相异的人。

——（法）布朗肖

Suǒwèi xiězuò, jiùshì yào fāxiàn yìjǐ. Bǎ sīxiǎng lǐmiàn nàgè bù rènshí de zìjǐ fājué chūlái, xiězuò yǒngyuǎn shì zāoyù yīgè xiāng yì de rén.

——(Fǎ)Blanchot

86. 5개 감각기관을 이용하여 독서해라.

새로운 지식을 공부할 때 어떻게 하면 인상을 깊게 할 수 있을까?

그 비결은 자신의 5가지 감각 기관을 과학적으로 활용하는 것이다.

사람은 천성적으로 많은 기억의 경로인 5가지 감각 기관을 갖고 있다.

5가지 감각 기관의 공통 기억을 동원하는 방법 외에는 어떤 방법으로도 장기적 기억의 효과를 얻을 수 없다.

학습은 모두 5대 경로가 있다. 이 5가지 감각 기관 중 첫 번째는 시각이다. 사람마다 다 끊임없이 두 눈으로 외부로부터의 이미지 정보를 받고 있다. 두 번째는 청각이다. 평소에 수업을 듣거나 강좌를 들을 때 청각은 우리가 지식을 습득하는 가장 중요한 수단이다. 세 번째는 촉각이고 인체는 시시각각 주위 환경이 자신에게 끼치는 영향을 감지하고 있다. 마지막으로 물론 미각과 후각도 있다. 이 두 개 감각 기관은 앞의 3가지 감각 기관만큼 중요하지 않지만 적절하게 사용하기만 하면 그들도 마찬가지로 우리를 위해 복무할 수 있고 새로운 정보에 대한 뇌의 인상을 깊게 할 수 있다.

어떤 메시지를 기억하려면 기존의 지식 네트워크와 결합해야 한다. 이제 두 번째 공부 원칙을 소개하겠다: 어떤 메시지를 기억하려면 자신의 5가지

감각 기관을 충분히 동원해야 한다.

　이런 "5 가지 병행하기" 방법은 전문용어로 "공감"이라고 부른다. 즉, 5 가지 감각 기관을 통해 동시에 정보를 받고, 그리고 이던 정보를 한데 통합하여 이 정보에 대한 뇌의 인상을 깊게 한다.

——Christian Grüning

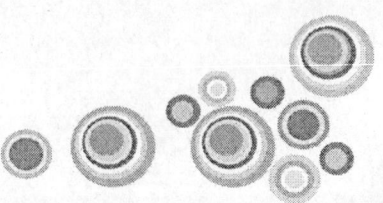

86. 运用五大感官读书

学习新知识的时候怎样才能加深印象呢?

秘诀在于科学运用自己的五大感官。

人天生就具备许多记忆渠道——我们的五大感官。

除了调动五大感官共同记忆以外,任何方法都无法获得长期记忆的效果。

学习总共有五大渠道。在这五大感官中,第一大感官是视觉,每个人都在不断地通过双眼接收来自外界的图像信息。第二大感官是听觉,平时上课或者听讲座时,听觉是我们学习知识最重要的途径。第三大感官是触觉,人体无时无刻不在感知周围环境给自己带来的影响。最后当然还有味觉和嗅觉,这两大感官虽然没有前3种那么重要,但只要运用恰当,它们同样可以为我们服务,加深大脑对新信息的印象。

要想记住某条信息,必须将其与自己既有的知识网络结合在一起。现在,我要向大家介绍第二条学习原则:要想记住某条信息,必须充分调动自己的五大感官。

这种"五管齐下"的方法就是专业术语中所说的"共感",即尽量通过五大感官同时接收信息,并且把这些信息整合在一起,加深大脑对这些信息的印象。

——Christian Grüning

梦想中国语　名人名言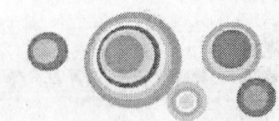

Xuéxí xīn zhīshì de shíhòu zěnyàng cáinéng jiāshēn yìnxiàng ne?

Mìjué zàiyú kēxué yùnyòng zìjǐ de wǔdà gǎnguān.

Rén tiānshēng jiù jùbèi xǔduō jìyì qúdào——wǒmen de wǔdà gǎnguān.

Chúle diàodòng wǔdà gǎnguān gòngtóng jìyì yǐwài, rènhé fāngfǎ dōu wúfǎ huòdé chángqī jìyì de xiàoguǒ.

Xuéxí zǒnggòng yǒu wǔdà qúdào. Zài zhè wǔdà gǎnguān zhōng, dì yī dà gǎnguān shì shìjué, měi gèrén dōu zài bùduàn de tōngguò shuāngyǎn jiēshōu láizì wàijiè de túxiàng xìnxī. Dì èr dà gǎnguān shì tīngjué, píngshí shàngkè huòzhě tīng jiǎngzuò shí, tīngjué shì wǒmen xuéxí zhīshì zuì zhòngyào de tújìng. Dì sān dà gǎnguān shì chùjué, réntǐ wúshíwúkè bùzài gǎnzhī zhōuwéi huánjìng jǐ zìjǐ dài lái de yǐngxiǎng. Zuìhòu dāngrán hái yǒu wèijué hé xiùjué, zhè liǎng dà gǎnguān suīrán méiyǒu qián 3 zhǒng nàme zhòngyào, dàn zhǐyào yùnyòng qiàdàng, tāmen tóngyàng kěyǐ wéi wǒmen fúwù, jiāshēn dànǎo duì xīn xìnxī de yìnxiàng.

Yào xiǎng jì zhù mǒu tiáo xìnxī, bìxū jiāng qí yǔ zìjǐ jì yǒu de zhīshì wǎngluò jiéhé zài yìqǐ. Xiànzài, wǒ yào xiàng dàjiā jièshào dì èr tiáo xuéxí yuánzé: Yào xiǎng jì zhù mǒu tiáo xìnxī, bìxū chōngfèn diàodòng zìjǐ de wǔdà gǎnguān.

Zhè zhǒng "wǔ guǎn qí xià" de fāngfǎ jiùshì zhuānyè shùyǔ zhòng suǒ shuō de "gònggǎn", jí jǐnliàng tōngguò wǔdà gǎnguān tóngshí jiēshōu xìnxī, bìngqiě bǎ zhèxiē xìnxī zhěnghé zài yìqǐ, jiāshēn dànǎo duì zhèxiē xìnxī de yìnxiàng.

——Christian Grüning

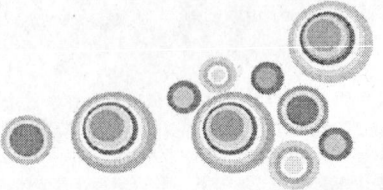

87. 알파와 베타 읽기

인간은 어릴 때부터 모유어와 이유어 두 가지 단어를 반드시 배워야 한다. 모유어는 이미 알고 있는 것을 전제로 사용하고 이해하는 것이고 후자는 알려지지 않은 것을 이해할 때 쓰는 말이다. 다시 말하자면 모유어는 알파어, 이유어는 베타어이다.

알파어와 알파형 읽기는 이미 알고 검증된 것에 근거하여 나타나는 언어 활동이다. 반면 베타어와 베타형 읽기는 알 수 없는 것을 인식하기 위한 언어 활동이다.

갓 태어난 아기에게는 아무것도 모르고 모든 것이 알 수 없다. 어떻게 그들에게 단어의 사용을 가르쳐줄 수 있을까? 바로 같은 어휘를 계속 반복해서 서술하는 것이다. 같은 상황에서 같은 말을 계속 반복하면 그 어휘는 점차 모두 알고 있는 특성을 지니게 된다. 같은 말을 자주 충분히 반복하면 단어와 대변되는 사물이 연대 관계를 맺는다. 예를 들어 어머니가 아이 앞에서 자신을 엄마라고 계속 반복해서 부르면 아이가 자신의 어머니와 "엄마" 라는 단어 사이에 관계가 있음을 이해하게 된다. 같은 과정이 반복되면 아이들은 하나하나 단어를 기억하게 될 것이다. 이 방법으로 습득한 단어는

 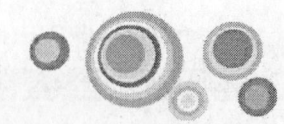

또 끊임없이 반복 사용함으로써 비로소 지식이 될 수 있다. 한편으로 배움의 대상도 아이의 경험세계에 있는 것, 즉 주로 주변 사물의 이름에 한정된다. 다시 말하자면 아무리 반복해도 "민주주의" 라는 단어를 0 살 유아에게 배우게 할 수는 없다.

이유어를 배우는 방법은 반대로 단어의 대표성과 연관성을 최대한 끊는 것, 즉 모유어로 이미 만들어진 확실한 연결관계를 억지로 끊으라고 가르치는 것이다. 그 중 복잡한 문제는 유아들이 이해할 수 있는 것이 아니다. 하지만 이론적으로는 아이가 단어를 나타내는 표시를 직접 사용하지 못하면 지식을 배우는 과정에서 장애가 생길 수 있다. 그러다 보니 아이는 학교에 가서도 학교가 가르쳐는 것을 이해할 수 없게 된다.

일반적인 유아들은 모두 이 두 가지 단어의 표현을 사용할 수 있다. 알파어만 사용해도 베타어를 제대로 이해하지 못하면 학교에서 공부하는데 큰 어려움을 겪게 된다. 단어 교육은 학교에서부터 시작하는 것이 아니다. 알파형 독서에 필요한 언어 행동이나 베타형 독서에 필요한 언어 능력도 유아기 때 반드시 배워야 한다.

——[Ri] Shigehiko Toyama

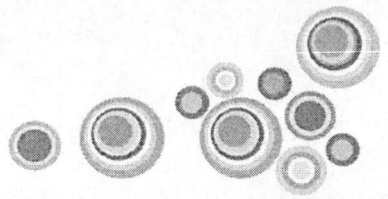

87. α型和β型阅读

人类在幼儿时期就必须学会以上两种词语，母乳语和离乳语。母乳语是在既知的前提下使用、理解，后者则是理解事物未知时使用的词语。以另一种方式形容，母乳语就是α语，离乳语就是β语。

α语与α型阅读是根据既知、已经验过的事物所产生的言语活动。与此相对的情况，β语与β型阅读则是为了认识未知事物而展开的言语活动。

刚出生的婴儿什么也不知道，对幼儿来说一切都是未知。怎么才能教会他们使用词语呢？就是不断重复叙述同一个词汇。在同样的状况下，不断重复说出相同的词汇，这些词汇就逐渐变成既知，具有既知的特质。时常且充分地重复同一词语，词语与所代表的事物就会产生连带关系。例如，母亲在孩子面前，不断重复称呼自己"妈妈"，就会让孩子理解自己的母亲与"妈妈"这个词语之间存在关系。同样的过程一再重复，孩子就会逐个记住每一个词语。用此方法学得的词语，还必须通过不断地重复使用，才能变成既知的知识。另一方面学习的对象也只限于孩子的经验世界里的事物——主要就是周遭各种东西的名字。换句话说，无论你重复多少次，也不可能让一个零岁幼儿学会"民主主义"这个词汇。

学习离乳语的方法刚好相反，即尽量切断词语与所代表事物的关联，也就是教导孩子刻意地切断母乳语中已经具备的切实联结关系，其中复杂的问题，并非婴幼儿所能理解。但是理论上，孩子如果无法直接使用代表词语的记号，在学习知识的过程中，就会产生障碍。这样一来孩子即使前往学校学习，也无法理解学校所教的东西。

一般的幼儿都能使用这两种词语的表达。如果只能使用α语，无法顺利理解β语，在学校学习知识就会遇到很大的障碍。词语的教育并非从学校才开始，无论是针对α型阅读所需的言语行动或β型阅读所需的言语能力，一定得趁幼儿时期学

好。——[日]外山滋比古

Rénlèi zài yòu'ér shíqí jiù bìxū xuéhuì yǐshàng liǎng zhǒng cíyǔ, mǔrǔ yǔ hé lí rǔ yǔ. Mǔrǔ yǔ shì zài jìzhī de qiántí xià shǐyòng, lǐjiě, hòu zhě zé shì lǐjiě shìwù wèizhī shí shǐyòng de cíyǔ. Yǐ lìng yì zhǒng fāngshì xíngróng, mǔrǔ yǔ jiùshì a yǔ, lí rǔ yǔ jiùshì b yǔ.

A yǔ yǔ a xíng yuèdú shì gēnjù jìzhī, yǐjīngyàngguò de shìwù suǒ chǎnshēng de yányǔ huódòng. Yǔ cǐ xiāngduì de qíngkuàng, b yǔ yǔ b xíng yuèdú zé shì wèile rènshí wèizhīshìwù ér zhǎnkāi de yányǔ huódòng.

Gāng chūshēng de yīng'ér shénme yě bù zhīdào, duì yòu'ér lái shuō yíqiè dōu shì wèizhī. Zěnme cáinéng jiàohuì tāmen shǐyòng cíyǔ ní? Jiùshì búduàn chóngfù xùshù tóngyígè cíhuì. Zài tóngyàng de zhuàngkuàng xià, bùduàn chóngfù shuō chū xiāngtóng de cíhuì, zhèxiē cíhuì jiù zhújiàn biàn chéng jìzhī, jùyǒu jìzhī de tèzhì. Shícháng qiě chōngfèn de chóngfù tóng yì cíyǔ, cíyǔ yǔ suǒ dàibiǎo de shìwù jiù huì chǎnshēng liándài guānxì. Lìrú, mǔqīn zài háizi miànqián, búduàn chóngfù chēnghu zìjǐ "māmā", jiù huì ràng hái zǐ lǐjiě zìjǐ de mǔqīn yǔ "māmā" zhège cíyǔ zhī jiān cúnzài guānxì. Tóngyàng de guòchéng yízài chóngfù, háizi jiù huì zhúgè jì zhù měi yígè cíyǔ. Yòng cǐ fāngfǎ xué dé de cíyǔ, hái bìxū tōngguò bu duàn de chóngfù shǐyòng, cáinéng biàn chéng jìzhī de zhīshì. Lìng yì fāngmiàn xuéxí de duìxiàng yě zhǐ xiànyú háizi de jīng yàn shìjiè lǐ de shìwù——zhǔyào jiùshì zhōuzāo gè zhǒng dōngxī de míngzì. Huàn jù huàshuō, wúlùn nǐ chóngfù duōshǎo cì, yě bù kěnéng ràng yīgè líng suì yòu'ér xuéhuì "mínzhǔ zhǔyì" zhège cíhuì.

Xuéxí lí rǔ yǔ de fāngfǎ gānghǎo xiāngfǎn, jí jǐnliàng qiēduàn cíyǔ yǔ suǒ dàibiǎo shìwù de guānlián, yě jiùshì jiàodǎo háizi kěyǐ de qiēduàn mǔrǔ yǔ zhōng yǐjīng jùbèi de qièshí liánjié guānxì, qízhōng fùzá de wèntí, bìngfēi yīng yòu'ér suǒ néng lǐjiě. Dànshì lǐlùn shàng, háizi rúguǒ wúfǎ zhíjiē shǐyòng dàibiǎo cíyǔ de jìhào, zài xuéxí zhīshì de guòchéng zhōng, jiù huì chǎnshēng zhàng'ài. Zhèyàng yī lái háizi jíshǐ qiánwǎng xuéxiào xuéxí, yě wúfǎ lǐjiě xuéxiào suǒ jiào de dōngxī.

Yìbān de yòu'ér dōu néng shǐyòng zhè liǎng zhǒng cíyǔ de biǎodá. Rúguǒ zhǐ néng shǐyòng a yǔ, wúfǎ shùnlì lǐjiě b yǔ, zài xuéxiào xuéxí zhī shì jiù huì yù dào hěn dà de zhàng'ài. Cíyǔ de jiàoyù bìngfēi cóng xuéxiào cái kāishǐ, wúlùn shì zhēnduì a xíng yuèdú suǒ xū de yányǔ xíngdòng huò b xíng yuèdú suǒ xū de yányǔ nénglì, yídìng dé chèn yòu'ér shíqí xuéhǎo.——[Rì] Shigehiko Toyama

194

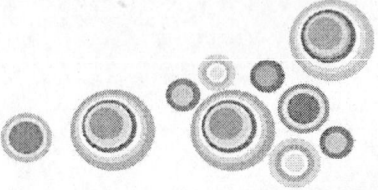

88. 아이에게 베타타입 읽기를 가르치는 방법

어린 시절에 알파어에서 베타어로 바뀌는 과정에서 가장 많이 사용됐던 것이 침대 옆의 동화다. 동화 이야기는 모두 허구적인 소설로 많은 내용이 사실과 다르지만 문학작품과 비슷한다. 동화는 열 번, 스무 번을 반복해도 아이는 질리지 않는다.

동화의 단어와 구체적인 것 사이에는 명확한 관계가 없다. 모유어(α어)와 실제 사물의 연관성을 차단하는 데 큰 도움이 된다.

동화를 즐겁게 듣던 어린이는 어느새 단어들이 사물과 동등한 관계가 없다는 것을 깨닫게 된다. 단어는 마음대로 쓰는 기호이기 때문에 해설을 하지 않고도 "추상적 언어"가 존재할 수 있다는 것을 이해하고 알파어를 베타어로 바꾸는 방법을 배운다.

아이의 유아기에는 동화를 이용해 알파어에서 베타어로 바꿔 배우게 한다. 아이가 글자를 외우기 시작하면 알파형에서 베타형으로 바꾸는 데 가장 적절한 도구는 역시 이야기와 문학작품이다. 양자는 병행할 수 있으면 더욱 좋다. 자연스럽게 자신도 모르는 사이에 전환에 성공하는 것이 가장 이상적인 방식이다. 동화에는 진실이 없어서 이해하기 힘들겠지만 동화 세상도 가

상하고 경험하지 못한 세상이라서 기존의 지식과 단어로 이해할 수 없다. 그렇다면 결코 왜 우리는 이해할 수 있을까? 정신을 집중해 끊임없이 반복하는 것에 달려 있다. 너는 끊이없이 같은 말을 반복해서 들을 때 이러한 것들은 자신도 모르게 머릿속으로 들어갈 것이다.

——[Rì]Shigehiko Toyama

88. 如何教孩子β型阅读

　　幼儿时期由α语切换成β语最常使用的就是床边的童话故事。童话故事都是虚构的小说，很多内容与现实不符，近似文学作品。童话就算重复十次、二十次孩子也不会感到厌烦。

　　童话词语与具体事物之间并没有明确的关系。这对切断母乳语（α语）与实际事物的联系，助益很大。

　　开心听着童话的幼儿，在不知不觉间就体会到了词语与事物不具有等同关系。词语只是随意采用的符号，因此不用解说，他们就能理解可能存在着"抽象语言"，也学会了把α语切换到β语的方法。

　　在孩子的幼儿期，可以利用童话，让他们学会由α语切换到β语。孩子开始记忆文字之后，由α型阅读切换到β型阅读，最适当的工具还是故事和文学作品。两者最好能并行。如果能自然而然、在不知不觉间转换成功，是最理想的方式。童话里并没有真实的东西，应该很难理解，而童话世界也是虚拟的、未经历过的世界，所以用既有的知识和词语无法理解。那最后我们为何能理解呢？就是靠全神贯注、不断地重复而已。当你不断重复听同样的话时，这些东西就会被不知不觉地装进脑中。

——[日]外山滋比古

Yòu'ér shíqí yóu a yǔ qiēhuàn chéng b yǔ zuì cháng shǐyòng de jiùshì chuáng biān de tónghuà gùshì. Tónghuà gùshì dōu shì xūgòu de xiǎoshuō, hěnduō nèiróng yǔ xiànshí bùfú, jìnsì wénxué zuòpǐn. Tónghuà jiùsuàn chóngfù shí cì, èrshí cì háizi yě bù huì gǎndào yànfán.

Tónghuà cíyǔ yǔ jùtǐ shìwù zhī jiān bìng méiyǒu míngquè de guānxì. Zhè duì qiēduàn mǔrǔ yǔ (a yǔ) yǔ shíjì shìwù de liánxì, zhù yì hěn dà.

Kāixīn tīngzhe tónghuà de yòu'ér, zài bùzhī bù jué jiān jiù tǐhuì dàole cíyǔ yǔ shìwù bú jùyǒu děngtóng guānxì. Cíyǔ zhǐshì suíyì cǎiyòng de fúhào, yīncǐ búyòng jiěshuō, tāmen jiù néng lǐjiě kěnéng cúnzàizhe "chōuxiàng yǔyán", yě xuéhuìle bǎ a yǔ qiēhuàn dào b yǔ de fāngfǎ.

Zài háizi de yòu'ér qī, kěyǐ lìyòng tónghuà, ràng tāmen xuéhuì yóu a yǔ qiēhuàn dào b yǔ. Háizi kāishǐ jìyì wénzì zhīhòu, yóu a xíng yuèdú qiēhuàn dào b xíng yuèdú, zuì shìdàng de gōngjù háishì gùshì hé wénxué zuòpǐn. Liǎng zhě zuì hǎo néng bìngxíng. Rúguǒ néng zìrán'érrán, zài bùzhī bù jué jiān zhuǎnhuàn chénggōng, shì zuì lǐxiǎng de fāngshì. Tónghuà li bìng méiyǒu zhēnshí de dōngxī, yīnggāi hěn nán lǐjiě, ér tónghuà shìjiè yěshì xūnǐ de, wèi jīnglìguò de shìjiè, suǒyǐ yòng jì yǒu de zhīshì hé cíyǔ wúfǎ lǐjiě. Nà zuìhòu wǒmen wèihé néng lǐjiě ne? Jiùshì kào quánshénguànzhù, búduàn de chóngfù éryǐ. Dāng nǐ búduàn chóngfù tīng tóngyàng dehuà shí, zhèxiē dōngxī jiù huì bèi bùzhī bù jué de zhuāng jìn nǎo zhōng.

——[Rì]Shigehiko Toyama

89. RC와 EC 이론

영국의 사회언어학자 Basil Bernstein은 언어를 한정 코드(Restricted Code, 약칭 RC, 또한 제한형 언어 코드)와 정밀 코드(Elaborated Code, 약칭 EC, 또한 정교형 언어 코드) 2가지로 나누어 세계적인 주목을 일으켰다(언어 부호 [Language Code]는 언어 소통 시스템의 추상적 원칙). 한정 코드(RC)란 주로 가까운 사람들끼리 쓰는 표현으로 생략이 많는데 정밀 코드(EC)란 논리와 문법에 맞게 더욱 완비된 공식 단어다.

중산층 자녀들이 학교 성적이 훌륭한 이유는 선생님이 가르칠 때에 주로 정밀코드를 사용한다. 가정에서 정밀코드를 많이 사용하는 자녀들에게 유리하다.

아이가 일상생활에서 직관적으로 정밀코드를 사용하는 경향이 있다면 정밀코드 위주의 교육과정에서 당연히 좋은 적응력을 보일 수 있다. 인종에 따른 지능의 격차를 일상생활에서 쓰이는 용어가 야기하는 것이다.

——[Ri] Shigehiko Toyama

89. RC 与 EC 的理论

英国的社会语言学家 Basil Bernstein 把语言二分为限定代码（Restricted Code，简称 RC，也称为局限型语言符码）与精密代码（Elaborated Code，简称 EC，也称为精致型语言符码），引起了广泛的注意（语言符码[Language Code]是语言沟通系统的抽象原则）。所谓的限定代码（RC）主要是用在关系亲近的人之间，用字遣词上多有省略；所谓的精密代码（EC）是符合逻辑、文法，更加完备的正式词语。

为何中产阶级的子女在学校的成绩往往比较优异，原因就在学校老师解说时主要是用精密代码的语言，对那些在家中较常使用精密代码的子女，自然比较有利。

如果孩子在日常生活中，直觉倾向使用精密代码，那么在以采用精密代码为主的教育过程中，当然会显现出良好的适应力。人种不同造成的智商差距，其实就是由日常生活所使用的词语造成的。——[日]外山滋比古

Yīngguó de shèhuì yǔyán xué jiā Basil Bernstein bǎ yǔyán èrfēn wéi xiàndìng dàimǎ (Restricted Code, jiǎnchēng RC, yě chēng wèi júxiàn xíng yǔyán fú mǎ) yǔ jīngmì dàimǎ (Elaborated Code, jiǎnchēng EC, yě chēng wèi jīngzhì xíng yǔyán fú mǎ), yǐnqǐle guǎngfàn de zhùyì (yǔyán fú mǎ [Language Code] shì yǔyán gōutōng xìtǒng de chōuxiàng yuánzé). Suǒwèi de xiàndìng dàimǎ (RC) zhǔyào shi yòng zài guānxì qīnjìn de rén zhī jiān, yòng zì qiǎncí shàng duō yǒu shěnglüè; suǒwèi de jīngmì dàimǎ (EC) shì fúhé luójí, wénfǎ, gèngjiā wánbèi de zhèngshì cíyǔ.

Wèihé zhōngchǎn jiējí de zǐnǚ zài xuéxiào de chéngjī wǎngwǎng bǐjiào yōuyì, yuányīn jiù zài xuéxiào lǎoshī jiěshuō shí zhǔyào shi yòng jīngmì dàimǎ de yǔyán, duì nàxiē zài jiāzhōng jiào cháng shǐyòng jīngmì dàimǎ de zǐnǚ, zìrán bǐjiào yǒulì.

Rúguǒ háizi zài rìcháng shēnghuó zhōng, zhíjué qīngxiàng shǐyòng jīngmì dàimǎ, nàme zài yǐ cǎiyòng jīngmì dàimǎ wéi zhǔ de jiàoyù guòchéng zhōng, dāngrán huì xiǎnxiàn chū liánghǎo de shìyìng lì. Rén zhǒng bùtóng zàochéng de zhìshāng chājù, qíshí jiùshì yóu rìcháng shēnghuó suǒ shǐyòng de cíyǔ zàochéng de.——[Rì] Shigehiko Toyama

90. 인지세계에는 네 가지 차원이 있다.

인지세계에는 네 가지 차원이 있다. 맨 꼭대기 층은 인간적인 사고이고 아래는 과학적 사고, 기술적 사고, 비즈니스 사고 순이다.

사람이 상업적인 사고에 머물러 있다면 기술의 변천을 볼 수 없고 기술적인 사고만 있다면 결국 기술의 발전 방향에 대해 막막함을 느낄 것이다. 또한 사람은 과학적인 사고만 있다면 과학 자체의 의미를 찾을 수 없다. 여기에 인문적인 사고가 더해져야 정확한 인식의 틀이 완성될 수 있다.

비즈니스, 기술, 과학, 인문 등 4개 차원이 한 단계씩 올라가면서 한 단계씩 올라간다. 우리는 더 높은 차원의 사고로 낮은 차원의 문제를 해결할 수 있다.

——Wángqiáng

90. 认知世界有四个层次

　　认识世界有四个层次：最顶层的是人文思维，再往下依次是科学思维、技术思维、商业思维。

　　如果一个人停留在商业思维，他就看不到技术的演变；如果一个人只有技术思维，他最终会对技术的发展走向感到迷茫；如果只有科学思维，就无法探寻科学本身的意义。而只有加上人文思维，我们才能形成正确的、完整的认知架构。

　　商业、技术、科学、人文这四个层次的维度逐级上升，层次拉高。我们可以用更高维的思考来解决低维的问题。

——王强

Rènshí shìjiè yǒu sì gè céngcì: Zuì dǐngcéng de shì rénwén sīwéi, zài wǎng xià yīcì shì kēxué sīwéi, jìshù sīwéi, shāngyè sīwéi.

Rúguǒ yígè rén tíngliú zài shāngyè sīwéi, tā jiù kàn bù dào jìshù de yǎnbiàn; rúguǒ yígè rén zhǐyǒu jìshù sīwéi, tā zuìzhōng huì duì jìshù de fā zhǎn zǒuxiàng gǎndào mímáng; rúguǒ zhǐyǒu kēxué sīwéi, jiù wúfǎ tànxún kēxué běnshēn de yìyì. Ér zhǐyǒu jiā shàng rénwén sīwéi, wǒmen cáinéng xíngchéng zhèngquè de, wánzhěng de rèn zhī jiàgòu.

Shāngyè, jìshù, kēxué, rénwén zhè sì gè céngcì de wéidù zhú jí shàngshēng, céngcì lā gāo. Wǒmen kěyǐ yòng gèng gāo wéi de sīkǎo lái jiějué dī wéi de wèntí.

——Wángqiáng

梦想中国语　名人名言

91. 독서는 저자를 면접하는 것 같다.

　　독서는 마치 긴 동영상을 보는 것처럼 속도를 조절할 수 있다. 그러나 많은 사람들은 책을 읽을 때 마치 영화를 보는 것처럼 앞에서부터 천천히 볼 수밖에 없다. 이렇게 되면 독서의 주도권을 고스란히 저자에게 넘겨주는 셈이고, 그 과정은 자신도 모르게 된다..

　　여러분이 책을 정독할 때 되도록이면 긴 동영상을 보는 것이 아니라 전체 과정을 하나의 저자와의 면접을 보는 과정으로 여겨야 한다. 면접관처럼 집중력을 유지하며 끊임없이 저자에 대해 캐물어야 한다. 논리조차 분명하지 못한 어처구니없는 지원자처럼 글을 쓰는 저자가 많은데 그런 사람을 만나면 우리 스스로 검문해야 한다. 그들이 천천히 말하는 것을 스스로 듣기보다는 스스로 허점을 찾는 것이 더 낫다.

　　대다수의 저자는 책을 쓸 때 항상 쓸데없는 것을 적는다. 지원하러 온 많은 면접자처럼 자신의 사정을 잔뜩 말하는 것 외에 맹세하기도 한다.영리한 HR은 그 안의 중점과 의문점을 직접 찾아내서 그가 말하는 여분의 정보를 자동으로 걸러낸다.마지막으로 몇 가지 요점을 확인하고, 이 사람이 '무엇인가'를 정성해 면접자가 어떤 사람인지를 정한다. 이는 바로 "쓸데없

 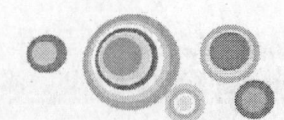

는 것을 제거한다"는 것이다.

많은 HR이 지원자의 진술을 들으면서 이력서를 체크해 허점을 찾는다. "왜 직장을 그만두느냐"고 직접 묻기도 한다. 왜 그 해의 성적은 비교적 좋지 않았을까? 이런 문제들은 모두 급소를 찌르는 것으로 많은 지원자들이 말하지 못하거나 감히 말할 수 없는 것이다. HR은 지원자들이 이력서의 초점을 가장 짧은 말로 설명하거나 자신이 왜 이 직무를 감당할 수 있는지 진술하도록 하기도 한다. 고명하고 노련한 HR 기법이다. 이런 "왜"라는 의문들이 생기자 그들은 그 "왜"를 따라가 포인트를 찾는다. 그것이 '본질 이해'다.

이러한 "무엇"과 "왜"로 나머지는 모두 본질이다. 이때 HR은 백그라운드에서 평가하고 최종적으로 이 사람을 고용할지, 배치 방법 등을 결정한다. 우리는 면접을 책의 정독에 대응시킬 수 있다. 우리 손에 있는 정보는 저자의 이력서이고 책의 머리말과 맺은 말은 그의 진술서이다. 질문은 우리가 해야 할 일이다.

——Lǐ yuán

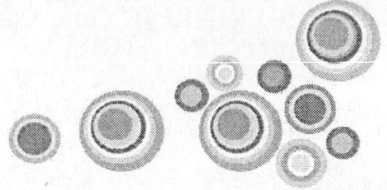

91. 读书像面试作者

读书像是观看一段长视频，我们可以拖动进度条随意观看，也可以调快播放速度观看，但是很多人在读书的时候，却像是在看电影，只能从前向后慢慢看。其实，这样一来就相当于把阅读的主动权完全交给了作者，而且这个过程是不知不觉的。

大家在精读书的时候，尽量不采用看长视频的办法，而是要把整个过程中当成一个面试作者的过程。我们要像面试官一样，时刻保持注意力集中，不断地"盘问"作者。很多作者写作的内容连逻辑都不清晰，就像一些语无伦次的应聘者，遇上这样的人，我们就得自己去盘问。与其听他们慢慢说完，还不如自己去寻找破绽。

大多数作者写书的时候，都会长篇累牍。就像很多来应聘的人，除了说一大堆自己的情况之外，还会表决心。精明的HR会直接找出里面的重点和疑点，自动过滤他说的多余信息。最后确认几个要点，定性这个人"是什么"，确定面试者是一个什么样的人。这就是"消灭冗余"。

很多HR会一边听应聘者陈述，一边核对简历，寻找破绽。他们还会直接问应聘者一些很刁钻的"为什么"：为什么上份工作要离职？为什么那一年的业绩比较差？这些问题都直戳要害，是很多应聘者没说出来或者不敢说的。有时候，HR也会让应聘者用最简短的话描述简历的重点，或者陈述自己为什么能够胜任这个岗位。这是高明、老练的HR做法。有了这些"为什么"之后，他们顺着这些"为什么"去找重点。这就是"理解本质"。

有了这些"是什么"和"为什么"之后，剩下的就全是精华了。这个时候HR会在后台评估，最后决定这个人是否录用、该如何安排，等等。我们可以将面试对应在精读一本书上。我们手里的信息就是作者的简历，书的序章（序言）、结语就是他的陈述。提出问题，就是我们要做的工作。——李源

梦想中国语 名人名言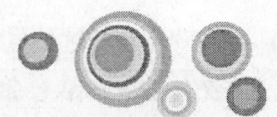

　　Dúshū xiàng shì guānkàn yíduàn zhǎng shìpín, wǒmen kěyǐ tuō dòng jìndù tiáo suíyì guānkàn, yě kěyǐ diào kuài bòfàng sùdù guānkàn, dànshì hěnduō rén zài dúshū de shíhòu, què xiàng shì zài kàn diànyǐng, zhǐ néng cóngqián xiàng hòu màn man kàn. Qíshí, zhèyàng yì lái jiù xiāngdāng yú bǎ yuèdú de zhǔdòng quán wánquán jiāo gěile zuòzhě, érqiě zhège guòchéng shì bùzhī bù jué de.

　　Dàjiā zài jīngdúshū de shíhòu, jǐnliàng bù cǎiyòng kàn zhǎng shìpín de bànfǎ, ér shì yào bǎ zhěnggè guòchéng zhōng dàngchéng yígè miànshì zuòzhě de guòchéng. Wǒmen yào xiàng miànshì guān yíyàng, shíkè bǎochí zhùyì lì jízhōng, búduàn de "pánwèn" zuòzhě. Hěnduō zuòzhě xiězuò de nèiróng lián luójí dōu bù qīngxī, jiù xiàng yìxiē yǔwúlúncì de yìngpìn zhě, yù shàng zhèyàng de rén, wǒmen jiù dé zìjǐ qù pánwèn. Yǔqí tīng tāmen màn man shuō wán, hái bùrú zìjǐ qù xúnzhǎo pòzhàn.

　　Dà duōshù zuòzhě xiě shū de shíhòu, dūhuì chángpiān lěi dú. Jiù xiàng hěnduō lái yìngpìn de rén, chúle shuō yí dà duī zìjǐ de qíngkuàng zhī wài, hái huì biǎo juéxīn. Jīngmíng de HR huì zhíjiē zhǎo chū lǐmiàn de zhòngdiǎn hé yídiǎn, zìdòng guòlǜ tā shuō de duōyú xìnxī. Zuìhòu quèrèn jǐ gè yàodiǎn, dìngxìng zhège rén "shì shénme", quèdìng miànshì zhě shì yīgè shénme yàng de rén. Zhè jiùshì "xiāomiè rǒng yú".

　　Hěnduō HR huì yìbiān tīng yìngpìn zhě chénshù, yìbiān héduì jiǎnlì, xúnzhǎo pòzhàn. Tāmen hái huì zhíjiē wèn yìngpìn zhě yìxiē hěn diāozuān de "wèishéme": Wèishéme shàng fèn gōngzuò yào lízhí? Wèishéme nà yì nián de yèjī bǐjiào chà? Zhèxiē wèntí dōu zhí chuō yàohài, shì hěnduō yìngpìn zhě méi shuō chūlái huòzhě bù gǎn shuō de. Yǒu shíhòu, HR yě huì ràng yìngpìn zhě yòng zuì jiǎnduǎn dehuà miáoshù jiǎnlì de zhòngdiǎn, huòzhě chénshù zìjǐ wèishénme nénggòu shèngrèn zhège gǎngwèi. Zhè shì gāomíng, lǎoliàn de HR zuòfǎ. Yǒule zhèxiē "wèishénme" zhīhòu, tāmen shùnzhe zhèxiē "wèishénme" qù zhǎo zhòngdiǎn. Zhè jiùshì "lǐjiě běnzhí".

　　Yǒule zhèxiē "shì shénme" hé "wèishénme" zhīhòu, shèng xià de jiù quán shì jīnghuále. Zhège shíhòu HR huì zài hòutái pínggū, zuìhòu juédìng zhège rén shìfǒu lùyòng, gāi rúhé ānpái, děng děng. Wǒmen kěyǐ jiāng miànshì duìyìng zài jīng dú yì běn shū shàng. Wǒmen shǒu lǐ de xìnxī jiùshì zuòzhě de jiǎnlì, shū de xùzhāng (xùyán), jiéyǔ jiùshì tā de chénshù. Tíchū wèntí, jiùshì wǒmen yào zuò de gōngzuò.——Lǐ yuán

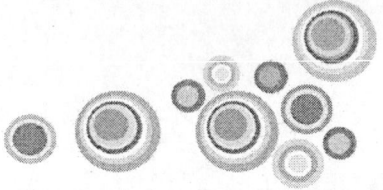

92. 엄격한 아버지와 자애로운 어머니

내 자신의 독서의 경험에 따르면 학술저작의 99%는 아무리 추상적이라도 반드시 이 두 개의 사고방식에서 왔다. 이는 바로 엄격한 아버지 생각와 자애로운 어머니 생각이다. 이 개념은 <그 코끼리는 생각하지 마라>라는 책에서 제시한 것이다. 엄격한 아버지 생각와 자애로운 어머니 생각에 대해 소개하겠다. 왜 이렇게 신기한 이름을 지었을까? 라이코프는 가정에 살고 있다고 가정해 봅시다. 공화당의 생각 방식은 특히 엄격한 아버지 같고 민주당의 생각은 자애로운 어머니 같다고 하였다. 그래서 엄격한 아버지 생각와 자애로운 어머니 생각로 명명했다. 얼핏 이해하기 쉬운 개념이지만 그 의미와 정수, 방법을 알고 싶으면 실을 뽑아 고치를 벗기는 듯한 층층이 분석이 필요하다. 그것의 하부 코드는 사실 매우 복잡하다.

엄격한 아버지 생각는 핵심 이념은 아이들이 잘되려면 스스로 뛰어야 한다는 것이다. 큰아들은 열심히 일하지 않아서 돈을 벌지 못했다. 작은아들은 열심히 노력하고 업적이 좋아 돈을 많이 벌었다. 큰아들은 막내아들을

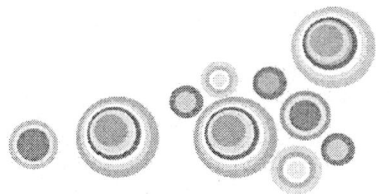

보고 배워야 한다. 막내아들은 자기가 번 돈을 큰아들에게 나누어 주는 것이 아니고 더 많은 장려를 받아야 한다.

자애로운 어머니 생각의 핵심은 우리 가족은 이 아이가 억만장자이고 그 아이가 가난에 굶주려서는 안 된다는 것이다. 그래서 막내아들이 돈을 많이 벌면 일부분을 집에 맡기고 그 돈으로 큰아들을 더 보탰다. 그래야 우리 가족이 더 단합하고 가족 분위기도 더 잘 어울릴 수 있다.

모든 이론, 학설, 공식의 뒤에 기초 논리는 모두 이 두 가지 생각 모형인데, 그것들은 모두 인류의 사상의 전당에서 산파되어 수천만의 이론, 공식, 원리를 만들어냈는데, 현대 학자의 저작이나 중국 고대의 사서, 물론, 나아가 문학과 소설 등 뒤에는 모두 이 두 가지 사고 모델이 작용하고 있다.

모든 책과 모든 관점을 이 두 가지로 분류할 수 있다. 이 생각 모델이 있다면 저자의 입장과 관점을 신속하게 이해할 수 있다.

——Lǐ yuán

92. 严父思维和慈母思维

根据我自己的阅读经验，99%的学术著作即使特别抽象，基本上也都是从这两个思维模型延伸出来的。这两个思维模型便是严父思维和慈母思维。这个概念是《别想那头大象》这本书提出来的。介绍一下严父思维和慈母思维。为什么会取这么奇葩的名字呢？莱考夫打了一个比方，假设我们生活在一个家庭里，共和党的那种思维方式特别像一个严厉的父亲，而民主党的思维更像一个慈祥的母亲。正因为如此，便将其命名为严父思维和慈母思维。这个概念乍一看很通俗易懂，然而，要了解它的内涵、精髓和方法，却需要抽丝剥茧般的层层分析。它的底层代码其实很复杂。

严父思维的核心理念是，孩子们要有出息，就要靠自己奋斗。大儿子不争气，没有努力工作，就赚不到钱，小儿子勤奋努力，业绩也好，所以赚钱多。大儿子应该向小儿子学习。小儿子应该得到奖励，而不是把自己赚的钱分给大儿子。

而慈母思维的核心是：我们这个家庭要和谐，不能这个孩子亿万富翁，那个孩子则受穷挨饿。所以，如果小儿子赚钱多，就应该交给家里一部分，我再补贴给大儿子。这样我们一家人才能更团结，家庭气氛也更和谐。

在每一种理论、学说、公式的背后，基础逻辑都是这两个思维模型，它们在人类的思想殿堂里开枝散叶，产出了成千上万的理论、公式、原理，无论是现代学者的著作，还是中国古代的史书、文论，乃至文学和小说，背后都是这两个思维模型在起作用。

每一本书，每一种观点，都可以归到这两类中。有了这个思维模型，能够迅

梦想中国语　名人名言

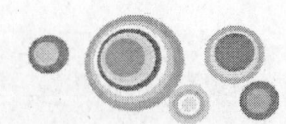

速理解作者的立场和观点。

——李源

　　Gēnjù wǒ zìjǐ de yuèdú jīngyàn, 99% de xuéshù zhùzuò jíshǐ tèbié chōuxiàng, jīběn shàng yě dū shì cóng zhè liǎng gè sīwéi móxíng yánshēn chūlái de. Zhè liǎng gè sīwéi móxíng biàn shì yán fù sīwéi hé címǔ sīwéi. Zhège gàiniàn shì "bié xiǎng nà tóu dà xiàng" zhè běn shū tí chūlái de. jièshào yíxià yán fù sīwéi hé címǔ sīwéi. Wèishéme huì qǔ zhème qípā de míngzì ní? Lái kǎo fū dǎle yígè bǐfāng, jiǎshè wǒmen shēnghuó zài yígè jiātíng lǐ, gònghédǎng dì nà zhǒng sīwéi fāngshì tèbié xiàng yígè yánlì de fùqīn, ér mínzhǔdǎng de sīwéi gèng xiàng yígè cíxiáng de mǔqīn. Zhèng yīnwèi rúcǐ, biàn jiāng qí mìngmíng wèi yán fù sīwéi hé címǔ sīwéi. Zhège gàiniàn zhà yí kàn hěn tōngsú yì dǒng, rán'ér, yào liǎojiě tā de nèihán, jīngsuǐ hé fāngfǎ, què xūyào chōusībāojiǎn bān de céng céng fēnxī. Tā de dǐcéng dàimǎ qíshí hěn fùzá.

　　Yán fù sīwéi de héxīn lǐniàn shì, háizimen yào yǒu chūxī, jiù yào kào zìjǐ fèndòu. Dà érzi bù zhēngqì, méiyǒu nǔlì gōngzuò, jiù zhuàn bù dào qián, xiǎo érzi qínfèn nǔlì, yèjī yě hǎo, suǒyǐ zhuànqián duō. Dà érzi yīnggāi xiàng xiǎo ér zǐ xuéxí. Xiǎo érzi yīnggāi dédào jiǎnglì, ér búshì bǎ zìjǐ zhuàn de qián fēn gěi dà érzi.

　　Ér címǔ sīwéi de héxīn shì: Wǒmen zhège jiātíng yào héxié, bùnéng zhège háizi yì wàn fùwēng, nàgè háizi zé shòuqióng āi è. Suǒyǐ, rúguǒ xiǎo érzi zhuànqián duō, jiù yīnggāi jiāo gěi jiālǐ yíbùfèn, wǒ zài bǔtiē gěi dà érzi. Zhèyàng wǒmen yìjiā rén cáinéng gèng tuánjié, jiātíng qìfēn yě gèng héxié.

　　Zài měi yì zhǒng lǐlùn, xuéshuō, gōngshì de bèihòu, jīchǔ luójí dōu shì zhè liǎng gè sīwéi móxíng, tāmen zài rénlèi de sīxiǎng diàntáng lǐ kāi zhī sàn yè, chǎn chūle chéng qiān shàng wàn de lǐlùn, gōngshì, yuánlǐ, wúlùn shì xiàndài xuézhě de zhùzuò, háishì zhōngguó gǔdài de shīshū, wén lùn, nǎizhì wénxué hé xiǎoshuō, bèihòu dōu shì zhè liǎng gè sīwéi móxíng zài qǐ zuòyòng.

　　Měi yì běn shū, měi yì zhǒng guāndiǎn, dōu kěyǐ guī dào zhè liǎng lèi zhōng. Yǒule zhège sīwéi móxíng, nénggòu xùnsù lǐjiě zuòzhě de lìchǎng hé guāndiǎn.

——Lǐ yuán

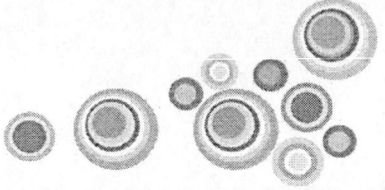

93. 지식을 네 가지로 나눈다.

나는 지식을 하드지식, 소프트지식, 건지식, 습지식 네 가지로 나눈다:

하드지식--논리가 완벽한 방법론 지식이다. 예를 들면 <인간 행동의 경제학 분석>이다.

소프트지식--감성적인 관념적 지식이다. 예를 들면 <미지의 나를 만나다> 이다.

건지식--<PPT 디자인>와 같은 생활 속에서 바로 문제를 해결할 수 있는 기술이다.

습지식—오랫동안 꾸준히 해야 변화하는 측정 불가능한 심법을 체험할 수 있다. 예를 들자면 <걷기 드문 길(유명한 심리학 책)>과 같은 경우다.

소프트지식과 습지식은 저자의 감정 범주에 속하는 주관적인 총화이다. 이런 지식은 항상 작가의 정서적 경험과 연계성이 많아 객관적인 논증을 거치지 않았다. 소프트 지식에 있어서 나는 관점을 먼저 보고 저자의 결론을 먼저 보는 것이라고 할 수 있다. 다른 부분은 시간을 절약하기 위해 약

간 읽는다. 이런 지식에는 세부적인 것들보다 뛰어난 아이디어가 더 중요할 수 있기 때문이다. 만약 관점이 매우 인상적이라면 마지막으로 그것이 세부적인 자료에서 어떻게 조직되었는지, 경험적 과정이 어떻게 나왔었는지에 대해 다시 한번 생각해 보면 작가의 남다른 인생 역정을 이해할 수 있을 것이고 이것은 소프트 지식을 읽는 과정의 즐거움이다.

왜냐하면 하드지식과 소프트지식에서는 가장 중요한 것은 도출된 결론이 아니라 저자가 그 결론을 도출해내는 과정이기 때문이다. 그 과정이 바로 저자의 사고방식과 사유 프레임이기 때문에 우리가 해야 할 일은 우리 자신의 사유 프레임보다 더 높은 인식과 사고의 토대를 기록으로 남기는 것이다. 이것이 바로 하드지식을 습득하는 한 읽기 방법이다. 세부적인 것이 기록된 수량보다 저자의 사고 과정을 기억하는 것에 달려 있다. 그것만 저자의 사고방식을 배웠다는 것이다.

——Túmèngshān

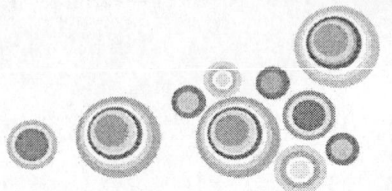

93. 知识分为四类

我把知识分为4类：硬知识、软知识，干知识、湿知识。

硬知识——逻辑完善的方法论知识，比如《人类行为的经济学分析》。

软知识——感性的观念性知识，比如《遇见未知的自己》。

干知识——能运用到生活中立刻解决问题的技能，比如《PPT设计》。

湿知识——需要长时间坚持才能体验改变的不可测量心法。如《少有人走的路》。

软知识和湿知识是属于作者情感范畴的主观性总结，这类知识通常与作者的情感经验联系性较多，没有经过客观的论证。对于软知识，我通常先看观点，也可以说是先看作者的结论，其他部分略读以节约时间。因为对这类知识来说，出彩的观点甚至会比细节更重要。如果观点非常吸引你的话，最后你再看它在细节的材料上是如何组织的，它的经验性的过程是如何得出来的，你就能够了解作者与众不同的人生经历，这是阅读软知识的过程中的乐趣。

因为对于硬知识和干知识而言，最重要的不是得出的结论，而是作者推导出这个结论的过程，因为这个过程就是作者的思考方式和思维框架，而我们需要做的就是把这些高于我们自己思维框架的更高认知和思考的模板给记录下来。这就是学习硬知识的一种阅读方法，不在于你记录了多少细节，而是在于你记住了作者的思考过程，只有这样才是学会了作者的思考方式。

——涂梦珊

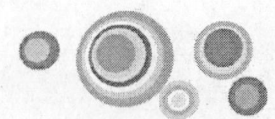
梦想中国语　名人名言

Wǒ bǎ zhīshì fēn wéi 4 lèi: Yìng zhīshì, ruǎn zhīshì, gàn zhīshì, shī zhīshì.

Yìng zhīshì——luójí wánshàn de fāngfǎlùn zhīshì, bǐrú "rénlèi xíngwéi de jīngjì xué fēnxī".

Ruǎn zhīshì——gǎnxìng de guānniàn xìng zhīshì, bǐrú "yùjiàn wèizhī de zìjǐ".

Gàn zhīshì——néng yùnyòng dào shēnghuó zhōng lìkè jiějué wèntí de jìnéng, bǐrú "PPT shèjì".

Shī zhīshì——xūyào cháng shíjiān jiānchí cáinéng tǐyàn gǎibiàn de bùkě cèliáng xīn fǎ. Rú "shǎo yǒurén zǒu de lù".

　　Ruǎn zhīshì hé shī zhīshì shì shǔyú zuòzhě qínggǎn fànchóu de zhǔguān xìng zǒngjié, zhè lèi zhīshì tōngcháng yǔ zuòzhě de qínggǎn jīngyàn liánxì xìng jiào duō, méiyǒu jīngguò kèguān dì lùnzhèng. Duìyú ruǎn zhīshì, wǒ tōngcháng xiān kàn guāndiǎn, yě kěyǐ shuō shì xiān kàn zuòzhě de jiélùn, qítā bùfèn lüè dú yǐ jiéyuē shíjiān. Yīnwèi duì zhè lèi zhīshì lái shuō, chūcǎi de guāndiǎn shènzhì huì bǐ xìjié gèng zhòngyào. Rúguǒ guāndiǎn fēicháng xīyǐn nǐ dehuà, zuìhòu nǐ zài kàn tā zài xìjié de cáiliào shàng shì rúhé zǔzhī de, tā de jīngyàn xìng de guòchéng shì rúhé dé chūlái de, nǐ jiù nénggòu liǎojiě zuòzhě yǔ zhòng bùtóng de rénshēng jīnglì, zhè shì yuèdú ruǎn zhīshì de guòchéng zhōng de lèqù.

　　Yīnwèi duìyú yìng zhīshì hé gàn zhīshì ér yán, zuì zhòngyào de búshì dé chū de jiélùn, ér shì zuòzhě tuīdǎo chū zhège jiélùn de guòchéng, yīnwèi zhège guòchéng jiùshì zuòzhě de sīkǎo fāngshì hé sīwéi kuàngjià, ér wǒmen xūyào zuò de jiùshì bǎ zhèxiē gāo yú wǒmen zìjǐ sīwéi kuàngjià de gèng gāo rèn zhī hé sīkǎo de múbǎn gěi jìlù xiàlái. Zhè jiùshì xuéxí yìng zhīshì de yì zhǒng yuèdú fāngfǎ, bú zàiyú nǐ jìlùle duōshǎo xìjié, ér shì zàiyú nǐ jì zhùle zuòzhě de sīkǎo guòchéng, zhǐyǒu zhèyàng cái shì xuéhuìle zuòzhě de sīkǎo fāngshì.

——Túmèngshān

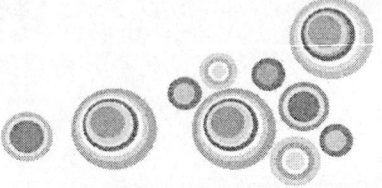

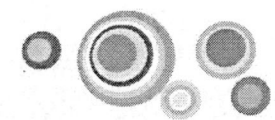

94. 네티즌의 평가는 중요한 참고이다.

나는 책을 읽기 전에 다양한 전문 서평 사이트와 친구들의 독후감을 통해 이 책의 인지도와 평가를 알아보고 자신의 등급 지수를 형성한다.

만약 이 책이 인지도와 평가가 비교적 높고 하드지식과 건지식에 속한다면 나는 충분한 시간을 주고 자세히 연구할 것이다. 만약 이 책의 인지도와 평가가 비교적 낮으며 또한 소프트지식과 습지식에 속한다면 나는 짧은 시간에 읽고 한 글자 한 글자 읽지 않을 것이다.

——Túmèngshān

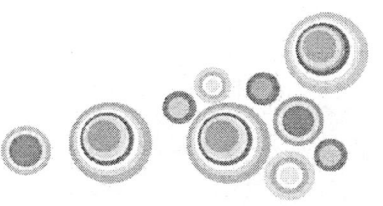

94. 网友的评价是重要的参考

在阅读一本书之前，我会通过各种专业的书评网站和书友的读后感，去了解这本书的知名度和美誉度，随后形成自己的分级指数。

如果这本书的知名度和美誉度比较高，同时又属于硬知识和干知识的话，那我就会分配足够多的时间来仔细研读；如果这本书的知名度和美誉度都比较低，同时又属于软知识和湿知识的话，那我就会在碎片时间翻看，也不会逐字阅读。

——涂梦珊

Zài yuèdú yì běn shū zhīqián, wǒ huì tōngguò gè zhǒng zhuānyè de shūpíng wǎngzhàn hé shū yǒu de dúhòugǎn, qù liǎojiě zhè běn shū de zhīmíngdù hé měiyù dù, suíhòu xíngchéng zìjǐ de fēnjí zhǐshù.

Rúguǒ zhè běn shū de zhīmíngdù hé měiyù dù bǐjiào gāo, tóngshí yòu shǔyú yìng zhīshì hé gàn zhīshì dehuà, nà wǒ jiù huì fēnpèi zúgòu duō de shíjiān lái zǐxì yándú; rúguǒ zhè běn shū de zhīmíngdù hé měiyù dù dōu bǐjiào dī, tóngshí yòu shǔyú ruǎn zhīshì hé shī zhīshì dehuà, nà wǒ jiù huì zài suìpiàn shíjiān fān kàn, yě bú huì zhú zì yuèdú.

——Túmèngshān

95. 매우 힘들었다면 지식을 배웠다는 것을 의미한다.

　　만약 공부가 매우 힘들다고 느낀다면 너는 아주 중요한 것을 공부하고 있다는 것을 의미한다. 액션 비디오 게임을 하고 새로운 자전거 크로스컨트리 스턴트를 실험하듯 기존의 수준에서 더욱 발전하고 진정한 전문적 수준을 달성하려면 노력과 좌절이 반드시 필요하다는 것을 깨달아야 한다. 잘못을 저지르고 고치는 것은 결국 높은 차원 학습으로 가는 다리를 건설하고 있는 것이다.——[Měi] Peter C. Brown děng

　　시각형 사람은 책을 많이 읽고 그림을 많이 보아야 한다.

　　청각형 사람은 수업을 선택할 때 강좌와 같은 과정을 많이 선택하거나 스터디 그룹을 만드는 것이 좋다.

　　촉각형 사람은 학교 밖에서 더 많은 실천 기회를 찾아 만 권의 책을 읽고 만 리 길을 가는 것이 좋다.

　　하지만 최대한 많은 감각 기관 경로를 가동해야만 최고의 학습 효과를 얻을 수 있다.——Christian Grüning

梦想中国语　名人名言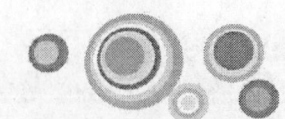

95. 很累证明你学到了知识

如果感到学习非常吃力，那是说明你正在学习非常重要的东西。就像玩动作类电子游戏、试验新的自行车越野特技一样，想在已有的水平上有所进步，达到真正的专业程度，就要明白努力与挫折是必不可少的。犯错误并改正错误，其实是在搭建通往高层次学习的桥梁。——[美]彼得·C.布朗 等

Rúguǒ gǎndào xuéxí fēicháng chīlì, nà shì shuōmíng nǐ zhèngzài xuéxí fēicháng zhòngyào de dōngxī. Jiù xiàng wán dòngzuò lèi diànzǐ yóuxì, shìyàn xīn de zìxíngchē yuèyě tèjì yíyàng, xiǎng zài yǐ yǒu de shuǐpíng shàng yǒu suǒ jìnbù, dádào zhēnzhèng de zhuānyè chéngdù, jiù yào míngbái nǔlì yǔ cuòzhé shì bì bùkě shǎo de. Fàn cuòwù bìng gǎizhèng cuòwù, qíshí shì zài dājiàn tōng wǎng gāo céngcì xuéxí de qiáoliáng.——[Měi] Peter C. Brown děng

视觉型的人要多读书多看图；

听觉型的人在选课的时候多选讲座类课程，或者成立一个学习小组；

触觉型的人则要在校外寻找更多的实践机会，读万卷书，行万里路。

但是，只有充分调动尽可能多的感官渠道，才能获得最佳的学习效果。

——Christian Grüning

Shìjué xíng de rén yào duō dúshū duō kàn tú;

tīngjué xíng de rén zài xuǎnkè de shíhòu duō xuǎn jiǎngzuò lèi kèchéng, huòzhě chénglì yígè xuéxí xiǎozǔ;

chùjué xíng de rén zé yào zài xiàowài xúnzhǎo gèng duō de shíjiàn jīhuì, dú wàn juǎn shū, xíng wànlǐ lù.

Dànshì, zhǐyǒu chōngfèn diàodòng jǐn kěnéng duō de gǎnguān qúdào, cáinéng huòdé zuì jiā de xuéxí xiàoguǒ.

——Christian Grüning

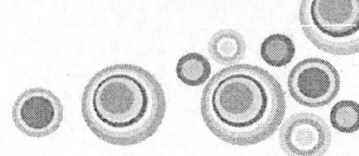

96. 거북이 뇌, 호랑이 뇌, 그리고 아인슈타인 뇌

쉽게 말하자면 뇌신경과학 분야에서 뇌는 세 단계로 분류된다. 첫째는 원시뇌 일명 파충류 뇌라고도 한다. 이는 우리가 파충류 시대에 발달한 뇌이다. 둘째는 파충류 뇌를 기초로 발전한 포유동물 뇌이다. 셋째는 우리 인류가 몇 만 년에 걸쳐 진화한 새로운 대뇌피질이며 피질 뇌라고 부른다.

과학은 항상 심심한 것이다. 우리는 뇌의 세 단계를 각각 거북이, 호랑이, 아인슈타인으로 삼을 수 있다. 거북이는 파충류이다. 거북이의 특성은 무엇인가? 안정적이고 잘 움직이지 않다는 특성이 있다. 호랑이는 포유동물이고 어떤 특성이 있는가? 위협을 처하면 으르렁거리고 공격도 하고 이를 악무는 모양도 있다. 셋째 단계의 뇌는 우리의 새로운 대뇌피질이며 이성적 의사결정을 책임진다.

평소에 우리가 읽던 상태를 생각해보면 한 책에 대해 전혀 관심이 없거나 쓸데없다고 생각해도 억지로 읽게 되면 고통스러울 것이다. 속독 방법을 터득했더라도 책을 뒤적거릴 수도 있지만 지나간 후에는 아무것도 기억하

 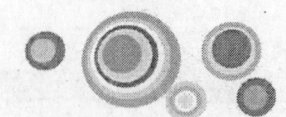

지 못하는 것 같다. 파충류 뇌와 포유동물 뇌는 이미 대부분의 정보를 걸러 냈고 쓸모 없다고 느낀 정보는 피질뇌인 새로운 대뇌피질에 전달하지 않기 때문이다. 이것은 너와 관계가 없고 너의 뇌의 타고난 시스템이 결정된 것이다.

——Péng xiǎo liù

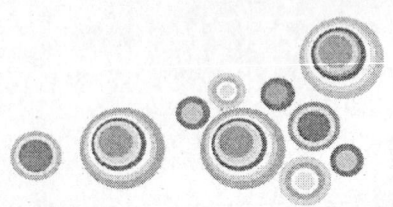

96. 乌龟脑、老虎脑、和爱因斯坦脑

简单来说，在大脑神经科学领域，大脑被分为三个层次：第一层是原始脑，又称为爬虫脑，是我们在爬行动物的时代发育出来的大脑；第二层是我们基于爬虫脑慢慢发育成的哺乳动物脑；第三层是我们人类经过几万年的时间进化出来的新大脑皮层，也称为皮质脑。

科学总是有点枯燥，我们可以把大脑的这三个层次分别想象成乌龟、老虎、爱因斯坦。乌龟是爬行动物，乌龟的个性是什么？它很稳定、不爱动。老虎是哺乳动物，它有什么特性？遇到威胁会吼叫、会反击，也会龇牙。第三层脑是我们的新大脑皮层，负责我们的理性决策。

回想一下我们平时阅读的状态，如果你对一本书完全不感兴趣，或者说你觉得这本书用不上而强行去读，就会很痛苦。即使你掌握了一些速读的方法，也可能只是把书翻一翻，但是过后好像什么都没记住。这是因为你的爬虫脑和哺乳动物脑已经帮你把大部分的信息过滤掉了，因为它们觉得没有用，所以并不会把信息传递到你的皮质脑——新大脑皮层。这个跟你没有关系，是你大脑天生的机制决定的。

——彭小六

梦想中国语 名人名言

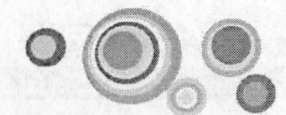

Jiǎndān lái shuō, zài dànǎo shénjīng kēxué lǐngyù, dànǎo bèi fēn wéi sān gè céngcì: Dì yī céng shì yuánshǐ nǎo, yòu chēng wèi páchóng nǎo, shì wǒmen zài páxíng dòngwù de shídài fāyù chūlái de dànǎo; dì èr céng shì wǒmen jīyú páchóng nǎo màn man fāyù chéng de bǔrǔ dòngwù nǎo; dì sān céng shì wǒmen rénlèi jīngguò jǐ wàn nián de shíjiān jìnhuà chūlái de xīn dànǎo pícéng, yě chēng wèi pízhí nǎo.

Kēxué zǒng shì yǒudiǎn kūzào, wǒmen kěyǐ bǎ dànǎo de zhè sān gè céngcì fēnbié xiǎngxiàng chéng wūguī, lǎohǔ, ài yīn sītǎn. Wūguī shì páxíng dòngwù, wūguī de gèxìng shì shénme? Tā hěn wěndìng, bù ài dòng. Lǎohǔ shì bǔrǔ dòngwù, tā yǒu shé me tèxìng? Yù dào wēixié huì hǒujiào, huì fǎnjí, yě huì zī yá. Dì sān céng nǎo shì wǒmen de xīn dànǎo pícéng, fùzé wǒmen de lǐxìng juécè.

Huíxiǎng yíxià wǒmen píngshí yuèdú de zhuàngtài, rúguǒ nǐ duì yì běn shū wánquán bùgǎn xìngqù, huòzhě shuō nǐ juédé zhè běn shū yòng bú shàng ér qiángxíng qù dú, jiù huì hěn tòngkǔ. Jíshǐ nǐ zhǎngwòle yìxiē sù dú de fāngfǎ, yě kěnéng zhǐshì bǎ shū fān yì fān, dànshì guòhòu hǎoxiàng shénme dōu méi jì zhù. Zhè shì yīnwèi nǐ de páchóng nǎo hé bǔrǔ dòngwù nǎo yǐjīng bāng nǐ bǎ dà bùfèn de xìnxī guòlǜ diàole, yīnwèi tāmen juédé méiyǒu yòng, suǒyǐ bìng bú huì bǎ xìnxī chuándì dào nǐ de pízhí nǎo——xīn dànǎo pícéng. Zhège gēn nǐ méiyǒu guānxì, shì nǐ dànǎo tiānshēng de jīzhì juédìng de.——Péng xiǎo liù

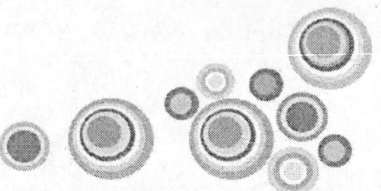

97. 뇌는 무엇을 좋아하는가?

(1)간결화. 우리는 파충류 뇌, 포유동물 뇌, 피질뇌 각각의 특성과 삼자 간의 관계를 통해 뇌는 간결한 것을 좋아하고 복잡한 것을 싫어한다는 것을 발견한다.

(2)구조성이 강하다. 뇌의 두 번째 선호는 구조가 강한 것을 좋아한다. 구조가 명확할수록 뇌는 기억하기 쉽다고 할 수 있다. 우리가 평소에 수집하거나 본 것이 한 무더기의 파편화된 정보라면 기억하기 어렵지만 체계적이고 구조화된 것이라면 쉽게 기억할 수 있다.

(3) 이미지화. 뇌는 이미지화 된 것을 좋아한다. 즉, 뇌는 그림을 보는 것을 좋아한다.

(4)자신을 장려한다. 뇌의 마지막 특징은 자신의 선호를 장려한다는 것이다. 뇌는 자신을 항상 힘들고 어렵다고 생각하기 때문에 인센티브를 받는 것을 좋아한다. 뇌를 자주 관심해야 하고 뇌를 두렵고 긴장시키지 말고 뭔가 재미있는 일을 하고 있다고 생각하게 해 뇌를 즐겁게 하고 실행 의지를 높여주고 인센티브의 암시를 준다.

——Péng xiǎo liù

97. 大脑喜欢什么？

（1）简洁化。我们知道了爬虫脑、哺乳动物脑、皮质脑各自的特征及三者之间的关系，会发现大脑喜欢简洁的，而讨厌复杂的。

（2）结构性强。大脑的第二个偏好是，喜欢结构性强的东西。也就是说，结构越清晰的，大脑就越容易记住。如果我们平时收集到的或者看到的都是一堆碎片化信息，我们很难记住，但如果是成体系的、结构化的东西，往往就很容易记住。

（3）图像化。大脑喜欢图像化的东西，也就是说，大脑喜欢看图。

（4）奖励自己。大脑最后的一个特点就是有奖励自己的偏好。大脑总是觉得自己很辛苦很累，因此喜欢得到奖励。要时刻关注你的大脑。不能让大脑感到害怕和紧张，而是要让大脑觉得是在做某件有意思的事，让大脑觉得非常好玩，增强执行的意愿，并给予大脑奖励的暗示。——彭小六

(1) Jiǎnjié huà. Wǒmen zhīdàole páchóng nǎo, bǔrǔ dòngwù nǎo, pízhí nǎo gèzì de tèzhēng jí sān zhě zhī jiān de guānxì, huì fāxiàn dànǎo xǐhuān jiǎnjié de, ér tǎoyàn fùzá de.

(2) Jiégòu xìng qiáng. Dànǎo de dì èr gè piānhào shì, xǐhuān jiégòu xìng qiáng de dōngxī. Yě jiùshì shuō, jiégòu yuè qīngxī de, dànǎo jiù yuè róngyì jì zhù. Rúguǒ wǒmen píngshí shōují dào de huòzhě kàn dào de dōu shì yì duī suìpiàn huà xìnxī, wǒmen hěn nán jì zhù, dàn rúguǒ shì chéng tǐxì de, jiégòu huà de dōngxī, wǎngwǎng jiù hěn róngyì jì zhù.

(3) Túxiàng huà. Dànǎo xǐhuān túxiàng huà de dōngxī, yě jiùshì shuō, dànǎo xǐhuān kàn tú.

(4) Jiǎnglì zìjǐ. Dànǎo zuìhòu de yígè tèdiǎn jiùshì yǒu jiǎnglì zìjǐ de piānhào. Dànǎo zǒng shì juédé zìjǐ hěn xīnkǔ hěn lèi, yīncǐ xǐhuān dédào jiǎnglì. Yào shíkè guānzhù nǐ de dànǎo. Bùnéng ràng dànǎo gǎndào hàipà hé jǐnzhāng, ér shì yào ràng dànǎo juédé shì zài zuò mǒu jiàn yǒuyìsi de shì, ràng dànǎo juédé fēicháng hǎowán, zēngqiáng zhíxíng de yìyuàn, bìng jǐyǔ dànǎo jiǎnglì de ànshì.——Péng xiǎo liù

98. 가르치는 것이 최고의 공부이다.

나눔은 반복적인 학습 과정이다. "선생님이 제대로 지식을 습득할 때는 학생을 가르치고 있을 때"라는 명언은 새겨들을 만한다.

나눔은 최고의 공부 방식 중 하나이다. 우리는 다른 사람을 가르치기 전에 지식을 준비하고 이미 알고 있는 지식을 몇 번 더 공고히 해야 되기 때문이다. 누락되지 않도록 하기 위해서는 중요한 내용을 반복해서 확인하게 된다. 이 준비 과정은 우리가 반복적으로 지식 포인트를 추출하고 자신의 구조를 밝혀내도록 한다.

사실 지식 포인트에 대한 기억은 7,8번 복습한 셈이다. 이 7,8번 반복은 이미 지식을 자신의 머리 속에 기록하기에 충분하다.

——Péng xiǎo liù

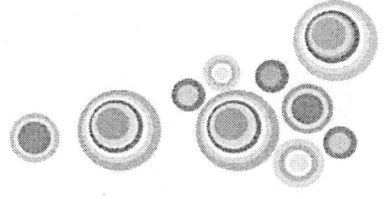

98. 教是最好的学习

分享是反复的学习过程。有一句名言是说"一位教师真正学会一个知识的时候，是他在教学生的时候"，这句话值得我们认真品味。

分享是最佳的学习方式之一，因为当我们去教别人之前，我们需要准备知识，把原来的知识再多巩固几遍，为了防止遗漏，某些重要内容会反复确认。这个准备的过程，促使我们反复地去提炼知识点，厘清自己的结构。

实际上对一个知识点的记忆，相当于复习了七八遍，这七八遍已经足够我们把一个知识记在自己脑子里了。

——彭小六

Fēnxiǎng shì fǎnfù de xuéxí guòchéng. Yǒu yíjù míngyán shì shuō "yí wèi jiàoshī zhēnzhèng xuéhuì yígè zhīshì de shíhòu, shì tā zài jiāo xuéshēng de shíhòu", zhè jù huà zhídé wǒmen rènzhēn pǐnwèi.

Fēnxiǎng shì zuì jiā de xuéxí fāngshì zhī yī, yīnwèi dāng wǒmen qù jiāo biérén zhīqián, wǒmen xūyào zhǔnbèi zhīshì, bǎ yuánlái de zhīshì zài duō gǒnggù jǐ biàn, wèile fángzhǐ yílòu, mǒu xiē zhòngyào nèiróng huì fǎnfù quèrèn. Zhège zhǔnbèi de guòchéng, cùshǐ wǒmen fǎnfù de qù tíliàn zhīshì diǎn, líqīng zìjǐ de jiégòu.

Shíjì shang duì yígè zhīshì diǎn de jìyì, xiāngdāng yú fùxíle qībā biàn, zhè qībā biàn yǐjīng zúgòu wǒmen bǎ yígè zhīshì jì zài zìjǐ nǎozi lǐle.

——Péng xiǎo liù

99. 생각과 성격도 중요하다.

우리는 책을 많이 읽는다. 내가 아는 똑똑한 사람 중 책을 많이 읽지 않는 사람은 없다.

그러나 책을 읽는 것만으로 충분하지 않는다: 생각을 파악하고 합리적으로 일을 할 수 있는 성격을 가져야 한다. 대다수의 사람들은 정확한 생각을 파악하지 못하거나 그것을 어떻게 활용해야 할지 모른다.

——Charlie Munger

99. 思想和性格也很重要

我们看很多书。我认识的聪明人没有不看很多书的。

但光看书还不够：你必须拥有一种能够掌握思想和做合理事情的性格。大多数人无法掌握正确的思想，或者不知道该怎么应用它们。

——查理·芒格

Wǒmen kàn hěnduō shū. Wǒ rènshí de cōngmíng rén méiyǒu bú kàn hěnduō shū de.

Dàn guāng kànshū hái búgòu: Nǐ bìxū yǒngyǒu yì zhǒng nénggòu zhǎngwò sīxiǎng hé zuò hélǐ shìqíng dì xìnggé. Dà duōshù rén wúfǎ zhǎngwò zhèngquè de sīxiǎng, huòzhě bù zhīdào gāi zěnme yìngyòng tāmen.

——Charlie Munger

100. 군자불기.

자왈 "군자는 한가지 용도로만 쓰이는 그릇과 같지 않는다". 공자(孔子)는 딱 네 글자만 말했다. 군자는 일단 그릇이 되면 약해진다. 예를 들면 항아리를 두드리면 바로 부서진다.

군자가 그릇이 된다는 것은 무슨 뜻인가? 어떤 사람은 "나는 회계사니까 나는 장부 계산밖에 할 줄 모르니 나에게 다른 이야기를 하지 마." 라고 자신에 대한 정의를 내린다. 한 사람은 자신이 회계사라고 인정할 때 그는 평생 계산만 할 것이다. 그럼 이런 인생은 허약하지 않을까? 인공지능이 장부를 습득할 때 이 회계사는 위기를 겪을 것이다. 아니면 회사가 실력이 더 높은 회계사를 고용할 때 그 사람은 일자리를 잃을 것이다.

한 사람은 창업을 하면서 시를 쓸 수 있고 주식을 하면서 소설을 쓸 수 있고 운동을 하면서 에베레스트산을 오를 수 있다…… 그것은 인간의 권리다. 사람은 당연히 전방위적으로 발전할 수 있고 체내의 잠재력을 발굴해낸다..

梦想中国语　名人名言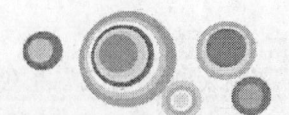

"유한과 무한의 게임"은 극화가 아닌 전기적으로 살자고 주창한다. 무엇이 극화된 생활인가? 남이 시키는 대로 하고 남의 규칙대로 하며 매뉴얼대로 움직이는 것이 극화된 삶이다. 전기적으로 살아간다는 것은 스스로 대본을 쓰고 하고 싶은 것은 무엇이든지 하면서 꿈을 이루는 것이다.

우리는 우리 자신, 다른 사람의 생활에 대해 더 큰 상상의 공간을 가지고 인생의 다층적이고 다각적인 해석을 통해 선택권을 풍부하게 가질 수 있을 때 비로소 당신은 약한 그릇으로 되지 않을 것이다..

——Fán dēng

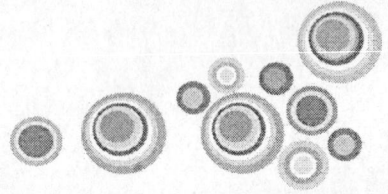

100. 君子不器

子曰："君子不器。"孔子只说了四个字。君子一旦成为一个器物，就变得脆弱了，比如一个坛子，一敲就碎了。

君子变成一个器物是什么意思？有人这样定义自己："我就是个会计，除了算账我啥也不会，你别跟我说其他的事。"当一个人认定自己就是一个会计时，那他一辈子就只会算账。那么，请问，这样的人生脆不脆弱？当人工智能学会记账时，这位会计就会遇到危机；或者，当公司请了一个更好的会计时，他就失业了。

一个人可以一边创业，一边写诗；一边炒股，一边写小说；一边健身，一边爬珠穆朗玛峰……这都是人的权利。人当然可以全方位地发展，把体内的潜能发掘出来。

《有限与无限的游戏》倡导人要传奇化地活着，而不是剧本化地活着。什么是剧本化的生活？剧本化的生活就是按照别人的安排去生活，听任别人的规定去做事，按照操作手册去行动。传奇化地活着，就是自己写剧本，自己想干什么就干什么，去实现个人梦想。

我们要对自己、对他人的生活有更大的想象空间，对人生有多层次、多角度的诠释，让自己拥有丰富的选择权，这时候你才不至于沦为一个脆弱的器物。

——樊登

Zǐ yuē:"Jūnzǐ bú qì." Kǒngzǐ zhǐ shuōle sì gè zì. Jūnzǐ yídàn chéngwéi yígè qìwù, jiù biàn de cuìruòle, bǐrú yígè tánzi, yì qiāo jiù suìle.

Jūnzǐ biàn chéng yígè qìwù shì shénme yìsi? Yǒurén zhèyàng dìngyì zìjǐ:"Wǒ jiùshì gè kuàijì, chúle suànzhàng wǒ shà yě bú huì, nǐ bié gēn wǒ shuō qítā de shì." Dāng yígèrén rèndìng zìjǐ jiùshì yígè kuàijì shí, nà tā yíbèizi jiù zhǐ huì suànzhàng. Nàme, qǐngwèn, zhèyàng de rénshēng cuì bú cuìruò? Dāng réngōng zhǐnéng xuéhuì jì zhàng shí, zhè wèi kuàijì jiù huì yù dào wéijī; huòzhě, dāng gōngsī qǐngle yígè gèng hǎo de kuàijì shí, tā jiù shīyèle.

Yígè rén kěyǐ yìbiān chuàngyè, yībiān xiě shī; yìbiān chǎogǔ, yìbiān xiě xiǎoshuō; yìbiān jiànshēn, yìbiān pá zhūmùlǎngmǎ fēng......zhè dōu shì rén de quánlì. Rén dāngrán kěyǐ quán fāngwèi de fāzhǎn, bǎ tǐnèi de qiánnéng fājué chūlái,

"yǒuxiàn yǔ wúxiàn de yóuxì" chàngdǎo rén yào chuánqí huà de huózhe, ér búshì jùběn huà de huózhe. Shénme shì jùběn huà de shēnghuó? Jùběn huà de shēnghuó jiùshì ànzhào biérén de ānpái qù shēnghuó, tìngrén biérén de guīdìng qù zuòshì, ànzhào cāozuò shǒucè qù xíngdòng. Chuánqí huà de huózhe, jiùshì zìjǐ xiě jùběn, zìjǐ xiǎng gànshénme jiù gànshénme, qù shíxiàn gè rén mèngxiǎng.

Wǒmen yào duì zìjǐ, duì tārén de shēnghuó yǒu gèng dà de xiǎngxiàng kōngjiān, duì rénshēng yǒu duō céngcì, duō jiǎodù de quánshì, ràng zìjǐ yǒngyǒu fēngfù de xuǎnzé quán, zhè shíhòu nǐ cái bú zhìyú lún wéi yígè cuìruò de qìwù.

——Fán dēng

 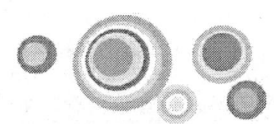

참고 문헌 (한국어):

1. <60분 고효율 독서:초실용적인 고속 독서법>, JING XIAO XIAN, 우한대학교 출판사, 2020-01-01

2. <아름다운 것에 인생을 낭비하자>, WU XIAO BO, 절강대학교 출판사, 2015-05-01

3. <백선생이 말한다>, BAI YAN SONG, 장강 문예 출판사, 2015-09

4. <초고속 독서법>, Christian Grüning, HAO TIAN (번역), 중신 출판사, 2015-08

5. <성공>, FENG TANG, 천진 인민 출판사, 2019-05

6. <혼자 사는 것에 익숙할 때>, ZHOU GUO PING, 절강 인민 출판사, 2020-03

7. <책을 읽고 이해한다: FAN DENG 의 독서법>, FAN DENG, 중신 출판사, 2019-10-01

8. <독서는 평생의 일이다>, FAN DENG, 북경 연합 출판 회사, 2018-02

9. <FAN DENG 의 논어에 대한 이야기>, FAN DENG, 북경 연합 출판 회사, 2020-11-01

10. <고효율 독서>, Yasuhiro Watanabe, HAO TIAN (번역), 북경 연합 출판 회사, 2017-11

11. <바쁜 사람들에게 고효율 독서 수업>, LI YUAN, 강소 봉황 과학기술 출판사, 2019-10

12. <꼼꼼하게 생각한다>, CHENG JIA, 북경 연합 출판 회사, 2019-10

13. <열심히 공부한다:개인 지식 관리 지침>, CHENG JIA, 중신 출판사, 2017-02

14. <당신의 인생을 결정하는 것은 능력이 아니라 비전이다>, LIU LI YUN, 강소 봉황 문예 출판사, 2018-05

15. <고속 독서법:일년에 1,000 권의 책을 쉽게 읽는다>, SHI WEI HUA, 중국 방직 출판사 유한 회사, 2020-07

16. <고속 독서 기술>, YIN NAN DUN SHI, WANG YU XIN (번역), 중신 출판사, 2017-04-01

17. <Rockefeller 가 아들에게 남겨준 38 통의 편지>, JING XIAO XIAN, Rockefeller, LIN KAI (번역), 석탄 공업 출판사, 2014-10-01

18. <눈빛>, TAO YONG, LI RUN, 백화주 문예 출판사, 2020-10

19. <가난한 찰리의 보전:망거의 지혜로운 조언과 개인 도서 목록 (희귀본)>, Charlie Munger, LI JI HONG (번역), 중신 출판사, 2017-03

20. <QIU YE의 특별 훈련 캠프 시리즈 (세트 전 3권)>, QIU YE, 인민 체신 출판사, 2019-10-01

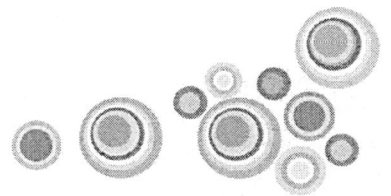

21. <인지의 재건:"나는 책을 해설하는 사람"제 1 집>, WO SHI JIANG SHU REN, 기계 공업 출판사, 2019-01

22. <인식의 각성:자기 변화의 원동력 시동을 걸어 보자>, ZHOU LING, 인민 체신 출판사, 2020-09

23. <인지의 천성:공부를 쉽게 할 수 있는 심리학 법칙>, Peter C. Brown, Henry L. Roediger III, Mark A. McDaniel, DENG FENG (번역), 중신 출판사, 2018-09

24. <어떻게 고효률 독서를 할 것인가>, Kump, ZHANG ZHONG LIANG (번역), 기계 공업 출판사, 2015-05

25. <어떻게 독서 능력을 키워야 할까>, TU MENG SHAN, 기계 공업 출판사, 2018-09

26. <어떻게 책을 읽는가>, Mortimer J.Adler, Charles Van Doren, HAO MING YI, ZHU YI (번역), 상무 인서관 유한회사, 2014-10

27. <30세, 인생이 이제야 시작한다>, LI SHANG LONG, 호남 문예 출판사, 2020-04

28. <심층 인지>, SHUI MU RAN, 태해 출판사, 2020-04

29. <심층 독서>, Takashi Saitô, ZHAO ZHONG MING (번역), 천진 인민 출판사, 2020-08

30. <심층 독서 : 정보 폭발 시대, 우리는 어떻게 책을 읽는가>, Takashi Saitô, CHENG LIANG (번역), 장시 인민 출판사, 2016-10-01

31. <적은 노력으로 많은 성과를 얻는 독서법>, QIN LING HUA, 전자 공업 출판사, 2010-01

32. <평생동안 혜택을 받는 41가지 공부 방법>, WU GUANG YUAN, 해조 출판사, 2005-11

33. <검색력:인생의 90%의 고민의 해결에 도움이 되는 사고 능력>, LIU Sir, 북방 문예 출판사, 2019-06

34. <탈무드:유태인의 삶의 지혜와 돈 버는 철학>, MA YIN WEN, 중국 치공 출판사, 2010-03-01

35. <책을 읽는다:LIANG WEN DAO 의 책을 펼치는 8분 (전 7권), LIANG WEN DAO, 호남문예 출판사, 2015-08-01

36. <마음이 편한 곳이면 고향이다>, JI XIAN LIN, 고오현 출판사, 2020-05

37. <지능과 독서>, Daniel.T.Willingham, LIANG HAI YAN (번역), 절강 출판 그룹 디지털미디어 유한회사, 2020-04

38. <학습력:어떻게 해면 가치 있는 지식으로 돈을 버는가>, Angie, 중국 철도 출판사, 2017-12

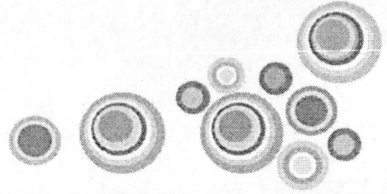

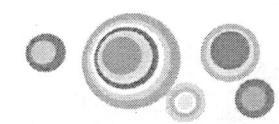

39. <학습력이 강한 사람과 뇌가 강한 사람>, FAN YU, 북경공업대학교 출판사, 2010-11

40. <양파 독서법>, PENG XIAO LIU, 북경 연합 출판 회사, 2018-06

41. <재미 있는 방식으로 인생을 산다>, ZUO MO XIAN SHENG, 중신 출판사, 2017-06

42. <상업에 영향을 미치는 책 50권>, WU XIAO BO, 절강대학교 출판사, 2020-07

43. <식견을 갖춘 여자가 더 고급스럽게 산다.>, Jenny QIAO, 천진 인민 출판사, 2018-08

44. <당신이 최고의 여자가 되길 바란다>, CAI LAN, 북경 시대 화문 서국, 2020-05

45. <독서은 인생에서 들고 다닐 수 있는 피난처다.>, William Somerset Maugham, XIA GAO WA (번역), 강서 인민 출판사, 2020-08

46. <독서는 가장 좋은 혼자만의 시간을 가진 방법이다.>, HUANG GUI YUAN, 북경 시대 화문 서국, 2020-06

47. <독서 정리학>, Shigehiko Toyama, LV MEI NV (번역), 북경 연합 출판 회사, 2014-10

48. <어떻게 학생이 독서를 좋아하게 할 것인가:적극적인 평생 독서자를 키운다>, ZHENG GANG, 화동 사범 대학교 출판사, 2019-09

49. <이렇게 책을 읽으면 된다>, ZHAO ZHOU, 중신 출판사, 2017-12

50. <지식의 대이동>, William Poundstone, LV JIA (번역), 절강 인민 출판사, 2018-05

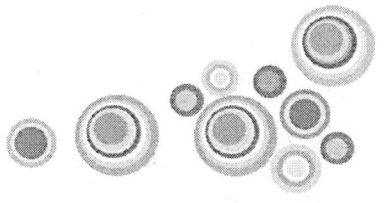

梦想中国语 名人名言

参考书目（中文）：

1. 《60分钟高效阅读：超实用的快速读书法》，镜晓娴，武汉大学出版社，2020-01-01

2. 《把生命浪费在美好的事物上》，吴晓波，浙江大学出版社，2015-05-01

3. 《白说》，白岩松，长江文艺出版社，2015-09

4. 《超级快速阅读》，Christian Grüning，郝洺（译），中信出版社，2015-08

5. 《成事》，冯唐，天津人民出版社，2019-05

6. 《当你学会独处》，周国平，浙江人民出版社，2020-03

7. 《读懂一本书：樊登读书法》，樊登，中信出版社，2019-10-01

8. 《读书是一辈子的事》，樊登，北京联合出版公司，2018-02

9. 《樊登讲论语》，樊登，北京联合出版公司，2020-11-01

10. 《高效阅读》，渡边康弘，金磊（译），北京联合出版公司，2017-11

11. 《给大忙人的高效阅读课》，李源，江苏凤凰科学技术出版社，2019-10

12. 《好好思考》，成甲，北京联合出版公司，2019-10

13. 《好好学习：个人知识管理精进指南》，成甲，中信出版社，2017-02

14. 《决定你人生的不是能力，而是格局》，刘丽云，江苏凤凰文艺出版社，2018-05

15. 《快速阅读：一年轻松读完1000本书》，石伟华，中国纺织出版社有限公司，2020-07

16. 《快速阅读术》，印南敦史，王宇新（译），中信出版社，2017-04-01

17. 《洛克菲勒留给儿子的38封信》，Rockefeller，林凯（译），煤炭工业出版社，2014-10-01

18. 《目光》，陶勇，李润，百花洲文艺出版社，2020-10

19. 《穷查理宝典：芒格智慧箴言与私人书单（珍藏本）》，Charlie Munger，李继宏（译），中信出版社，2017-03

20. 《秋叶特训营系列（套装全3册）》，秋叶，人民邮电出版社，2019-10-01

21. 《认知的重建："我是讲书人"第一辑》，我是讲书人，机械工业出版社，2019-01

22. 《认知觉醒：开启自我改变的原动力》，周岭，人民邮电出版社，2020-09

23. 《认知天性：让学习轻而易举的心理学规律》，Peter C. Brown， Henry L. Roediger III， Mark A.

McDaniel，邓峰（译），中信出版社，2018-09

24.《如何高效阅读》，Kump，张中良（译），机械工业出版社，2015-05

25.《如何练就阅读力》，涂梦珊，机械工业出版社，2018-09

26.《如何阅读一本书》，Mortimer J.Adler，Charles Van Doren，郝明义，朱衣，商务印书馆有限公司，2014-10

27.《三十岁，一切刚刚开始》，李尚龙，湖南文艺出版社，2020-04

28.《深层认知》，水木然，台海出版社，2020-04

29.《深度阅读》，斋藤孝，赵仲明（译），天津人民出版社，2020-08

30.《深阅读：信息爆炸时代我们如何读书》，斋藤孝，程亮（译），江西人民出版社，2016-10-01

31.《事半功倍读书法》，秦灵华，电子工业出版社，2010-01

32.《受益一生的41种学习方法》，吴光远，海潮出版社，2005-11

33.《搜索力：帮你解决90%人生难题的思维能力》，刘Sir，北方文艺出版社，2019-06

34.《塔木德：犹太人的处世智慧和赚钱哲学》，马银文，中国致公出版社，2010-03-01

35.《我读：梁文道的开卷八分钟（全7册）》，梁文道，湖南文艺出版社，2015-08-01

36.《心安即是归处》，季羡林，古吴轩出版社，2020-05

37.《心智与阅读》，Daniel.T.Willingham，梁海燕（译），浙江出版集团数字传媒有限公司，2020-04

38.《学习力：如何成为一个有价值的知识变现者》，Angie，中国铁道出版社，2017-12

39.《学习强人与头脑强人》，凡禹，北京工业大学出版社，2010-11

40.《洋葱阅读法》，彭小六，北京联合出版公司，2018-06

41.《以幽默的方式过一生》，琢磨先生，中信出版社，2017-06

42.《影响商业的50本书》，吴晓波，浙江大学出版社，2020-07

43.《有见识的姑娘，活得更高级》，Jenny乔，天津人民出版社，2018-08

44.《愿你成为最好的女子》，蔡澜，北京时代华文书局，2020-05

45.《阅读是一座随身携带的避难所》，William Somerset Maugham，夏高娃（译），江西人民出版社，2020-08

46. 《阅读是最好的独处》，黄桂元，北京时代华文书局，2020-06

47. 《阅读整理学》，外山滋比古，吕美女（译），北京联合出版公司，2014-10

48. 《怎样让学生爱上阅读：培养积极的终身阅读者》，郑钢，华东师范大学出版社，2019-09

49. 《这样读书就够了》，赵周，中信出版社，2017-12

50. 《知识大迁移》，William Poundstone，闾佳（译），浙江人民出版社，2018-05